Gerhard Donhauser | Thomas Jaretz

Vorwissenschaftliche Arbeit

Maturatraining

öbv
www.oebv.at

Vorwort

Liebe Schülerin, lieber Schüler,

nun ist es also nicht mehr lange hin bis zur Matura. Ein wesentliches Element der Neuen Reifeprüfung ist die Vorwissenschaftliche Arbeit (VWA). Sie ist verpflichtender Teil der Reifeprüfung, ihr Aufbau und ihre Struktur sind ziemlich genau geregelt, ebenso ihre Präsentation. Insofern unterscheidet sich die VWA gleich in mehrfacher Hinsicht von den früheren Fachbereichsarbeiten.

Was Sie als Erstes brauchen, ist ein Leitfaden für das Schreiben einer VWA. Einen solchen bietet Ihnen das vorliegende Buch. Wir begleiten Sie Schritt für Schritt von der Themenfindung über die Einreichung und das Schreiben der Arbeit bis hin zu ihrer Präsentation.

Keine Frage, all dies können wir Ihnen nur in formaler und struktureller Hinsicht nahebringen, die konkreten Inhalte hängen von Ihrer Themenwahl ab und unterscheiden sich von Arbeit zu Arbeit ganz grundlegend. Wir haben versucht, jeden Schritt, den Sie im Zuge Ihrer VWA setzen müssen, ausführlich mit Beispielen zu illustrieren. So sehen Sie gleich auf den ersten Blick, welche Möglichkeiten jeweils bestehen und wie Sie ganz konkret im Einzelnen vorgehen können.

Insgesamt haben wir versucht, alle Phasen des VWA-Schreibens möglichst anschaulich darzustellen. Das beginnt bei der Themenfindung: Die Frage „Wie komme ich zu einem VWA-Thema?" ist eine ganz entscheidende. Vielleicht erhalten Sie ja Vorschläge von Lehrerinnen und Lehrern. Ansonsten: Gehen Sie mit offenen Augen durchs Leben, lassen Sie sich von Ihren Interessen leiten. Vieles kann ein relevantes VWA-Thema werden, es kommt nur darauf an, wie Sie es formulieren und was Sie daraus machen. Wenn Sie zu einem Thema schreiben, für das Sie sich interessieren, geht Ihnen die Arbeit gleich viel leichter von der Hand, und es kommen Ihnen ganz bestimmt immer wieder gute Ideen, wie Sie weitermachen können.

Noch ein ganz praktischer Tipp für den Beginn: Überlegen Sie sich zeitgerecht ein Thema. Der Zeitplan zwischen Themenwahl bzw. -anmeldung und Fertigstellung der Arbeit ist einigermaßen eng. Denken Sie auch darüber nach, wer Ihre Arbeit betreuen könnte und fragen Sie zeitgerecht, denn jede Lehrerin und jeder Lehrer darf maximal fünf Schülerinnen bzw. Schüler gleichzeitig betreuen. Wählen Sie eine Person, mit der Sie auch gerne zusammenarbeiten möchten und hören Sie dann auf deren wohlgemeinte Ratschläge!

So, nun aber genug der Vorrede, kommen wir zur Sache! Wir wünschen Ihnen viel Freude beim Arbeiten mit diesem Buch und viel Erfolg mit Ihrer VWA!

Die Autoren

Inhalt

Symbole

Verweis auf Referenzliteratur

Verweis auf andere Buchteile

Zeitplan/ Planungsbeispiele

Wichtig

Online-Code Eingabe auf www.oebv.at

Hinweise

zur Arbeit mit dem Buch:

Blau eingeklammerte Texte enthalten Beispiele, wie eine Aufgabe bzw. Handlungsanweisungen ausgeführt werden können.

Zeitplan/ Planungsbeispiele

Wissenswertes

Grün eingeklammerte Texte enthalten Übungen.

TIPP *Tipps sind stets orange markiert.*

Einführungs- bzw. Zusammenfassungskasten am Anfang bzw. Ende jedes Kapitels

1

1 Von der Idee zu den ersten Schritten

Dieses Kapitel soll Ihnen helfen, die ersten Schritte erfolgreich zu gestalten und die gesetzlichen Bestimmungen der neuen, standardisierten kompetenzorientierten Reifeprüfung kennenzulernen.

1.1 Gesetzliche Grundlagen für die Vorwissenschaftliche Arbeit

Bevor Sie mit der Vorwissenschaftlichen Arbeit beginnen, ist es von Vorteil, die gesetzlichen Grundlagen zu kennen. Nur auf diese Weise erfahren Sie die Spielregeln der Reifeprüfung und damit auch der Vorwissenschaftlichen Arbeit (VWA).

Drei Säulen

Ab dem Schuljahr 2013/14 gelten für die Reifeprüfung neue Regelungen. Die Reifeprüfung umfasst ab dem Haupttermin 2013/14 drei Säulen:

!

- Vorwissenschaftliche Arbeit (VWA)
- Klausuren
- Mündliche Prüfungen

Drei Elemente der VWA

Informieren Sie sich gut über diese Säulen der Reifeprüfung, damit Sie die richtige Wahl, zugeschnitten auf Ihre eigenen Interessen, treffen können. Als erste Säule der Reifeprüfung fungiert die Vorwissenschaftliche Arbeit (VWA). Dieser Begriff bezeichnet nicht nur eine schriftliche Arbeit, sondern ein ganzes Prüfungsgebiet. Es setzt sich zusammen aus der

!

- Abfassung einer schriftlichen Arbeit, deren
- Präsentation und
- Diskussion.

Alle drei Elemente bilden die Grundlage der Benotung.

Die wichtigsten gesetzlichen Regelungen zur VWA finden sich in den §§ 34 und 37 Schulunterrichtsgesetz (SchUG). Zu diesen Bestimmungen ergehen Durchführungsverordnungen der Bundesministerin für Unterricht. Was die VWA betrifft, sehen die konkreten Anforderungen folgendermaßen aus:

Selbstständigkeit

- Die VWA ist eine abschließende Arbeit, „die selbständig und außerhalb der Unterrichtszeit zu erstellen ist“ (§ 34 Abs. 3 Z 1 SchUG). Selbstständiges Erstellen bedeutet, dass Sie eigenverantwortlich arbeiten sollen. Sie sind gefordert, ein Thema, eine Betreuerin oder einen Betreuer zu finden, einen Terminplan zu erstellen und einzuhalten. Vor allem ist es Ihre Aufgabe, außerhalb des Unterrichts einen längeren Text zu verfassen, der bestimmten Kriterien entsprechen soll.

Team

- Sie müssen die VWA übrigens nicht alleine schreiben. Es ist zulässig, sie in Teams von höchstens drei Personen zu verfassen. Die eigenständige Leistung aller Beteiligten muss allerdings klar erkennbar bleiben.

Vorwissenschaftliches Niveau

– Konkret soll der Text „vorwissenschaftliche[s] Niveau“ aufweisen (§ 34 Abs. 3 Z 1 SchUG). Das bedeutet unter anderem, dass Sie mit Quellen und Sekundärliteratur korrekt arbeiten, Zitierregeln korrekt anwenden und Experimente oder Interviews nach bestimmten, nachvollziehbaren Regeln durchführen sowie vertretbare Interpretationen anbieten müssen. Methoden und Zugangsweise unterscheiden sich je nach Fachrichtung mitunter beträchtlich. So wird bei einer VWA in Fächern wie Deutsch oder Englisch die Arbeit mit Texten im Vordergrund stehen. Bei einer VWA aus einem naturwissenschaftlichen Fach werden eher Experimente wichtig sein. Allen gemeinsam ist aber, dass die verwendeten Methoden kenntlich gemacht, konsequent eingehalten und Ergebnisse schlüssig begründet werden müssen.

Präsentation

– Untrennbar mit der schriftlichen Abschlussarbeit verbunden ist ihre Präsentation und Diskussion: Beides findet als Teil der Reifeprüfung vor der Prüfungskommission statt. Den Termin setzt der Landes- oder Stadtschulrat fest.

Aufgabenstellung

– Die Aufgabenstellung der VWA ist so zu gestalten, dass die Kandidatinnen und Kandidaten im jeweiligen Prüfungs- oder Fachgebiet

!

- umfangreiche inhaltliche Kenntnisse,
- Methodenbeherrschung und
- Selbständigkeit bei der Aufgabenbeherrschung aufweisen sowie
- all dies auch im Rahmen einer Präsentation und Diskussion „unter Beweis stellen“ (BMUKK, 1. Säule: „Vorwissenschaftliche Arbeit“. Eine Handreichung. Wien: BMUKK, S. 22) können.

Das klingt vermutlich schlimmer, als es in der Praxis ist. Sie sollen und können auch nach Verfassen einer VWA kein/e fertige/r Wissenschaftler/in sein! Im Gegenteil, Sie werden ja erst zu wissenschaftlichem Arbeiten hingeführt. Allein schon deshalb heißt es im Gesetz auch, dass die geforderten Aufgabenstellungen „unter Beachtung des Bildungsziels der jeweiligen Schulart“ (§ 37 Abs. 3 SchUG) zu erfolgen haben. Also: keine Panik, alles halb so wild! Wichtig ist, dass Sie methodisch sauber arbeiten und dies auch dokumentieren. Das betrifft nicht so sehr den Inhalt als die formalen Aspekte der Arbeit. Für sie gelten strenge Kriterien, die wir in diesem Buch Schritt für Schritt gemeinsam erarbeiten werden.

Damit soll Ihre Kreativität aber keineswegs eingeschränkt werden. Im Gegenteil – ohne Fantasie und Kreativität können Sie keine interessanten Ideen entwickeln und keinen Erkenntnisfortschritt erzielen. Allerdings ist es für wissenschaftliches Arbeiten unabdingbar, dass Sie Ihre Argumente klar strukturieren und für andere nachvollziehbar machen. Damit ist wiederum untrennbar verbunden, dass Sie bestimmte Methoden anwenden und auch darstellen, wie Sie das tun.

1.2 Zeitplan

Bevor Sie sich in die Arbeit stürzen, bedenken Sie Folgendes: Sie haben bis zur definitiven Fertigstellung der VWA nicht allzu viel Zeit.

!

- Sie müssen die schriftliche Arbeit innerhalb des 2. Semesters der letzten Schulstufe abgeben, und zwar noch vor Beginn der Klausurprüfungen im Haupttermin.
- Themenfindung und Wahl der Betreuerin bzw. des Betreuers sollen im 1. Semester der vorletzten Schulstufe stattfinden.
- Zu Beginn des 2. Semesters der vorletzten Schulstufe müssen Sie Ihr Thema anmelden. Etwa Mitte des besagten Semesters erfolgt die Bewilligung des Themas („Approbation“) durch den Landes- oder Stadtschulrat (Schulbehörde 1. Instanz).
- Erst nach erfolgter Approbation können Sie mit dem Verfassen der Arbeit beginnen. Im Grunde bleibt Ihnen für Literaturrecherchen und das Abfassen des Textes wenig mehr als ein Semester.

IHR ZEITPLAN KÖNNTE IM IDEALFALL SO AUSSEHEN:

Vorletztes Unterrichtsjahr:

- 1. Semester:
  Themenfindung, Recherche, Wahl der Betreuerin bzw. des Betreuers, Festlegung der Themenstellung
- 2. Semester:
  Im *Februar* Vorlage der Themenstellung mit Erwartungshorizont und Literaturangaben, Einreichung bei der Schulbehörde
  Im *April* Zustimmung der Schulbehörde bzw. Festlegung eines neuen Themas

Letztes Unterrichtsjahr:

- 1. Semester:
  Verfassen der Arbeit, Betreuung durch die gewählte Lehrperson
- 2. Semester:
  In der ersten Woche Abgabe in gedruckter und digitalisierter Form bei der Betreuerin bzw. beim Betreuer
  Innerhalb von 3 Wochen „Beschreibung der Arbeit" durch die Betreuerin bzw. den Betreuer, Weiterleitung an den Vorsitzenden bzw. die Vorsitzende der Prüfungskommission
  Besprechung mit der Betreuerin bzw. dem Betreuer in Hinblick auf Präsentation und Diskussion
  Anschließend Präsentation und Diskussion (Termin wird von der Schulbehörde festgelegt)

1.3 Formale Anforderungen

Verfahrensweisen wissenschaftlichen Arbeitens

Hier finden Sie einen ersten Überblick über die Anforderungen wissenschaftlichen Arbeitens.

In dem Syntagma „Vorwissenschaftliche Arbeit" steckt das Wort „Wissenschaft". Das heißt, dass grundsätzlich auch die Verfahrensweisen wissenschaftlichen Arbeitens beachtet werden müssen.

Diese sind insbesondere folgende:

- Formulierung einer Forschungsfrage
- Literaturrecherche
- Gliederung und Zeitplan
- Form und Formatierung
- Forschung
- Analyse der Ergebnisse
- Präsentation

Da es sich, wie der Name schon sagt, um eine Vorwissenschaftliche Arbeit handelt, werden nicht nur fachliche Kenntnisse und Methodenkompetenz beurteilt, sondern sämtliche „Vorzüge und/oder Schwächen" der Arbeit sind für die Beurteilung relevant (vgl. BMUKK: Standardisierte, kompetenzorientierte Reifeprüfung an AHS. Wien: BMUKK, 2011, S. 7). Das bedeutet, dass alles, was Sie in die VWA hineinschreiben, eine Grundlage für die Beurteilung ist. Wägen Sie Ihre Worte daher sorgfältig ab, aber seien Sie nicht übervorsichtig. Sonst wird Ihr Text langweilig.

Welche Textmenge steht Ihnen für Ihre Ausführungen zur Verfügung?
Der Umfang der Vorwissenschaftlichen Arbeit beträgt 40.000 bis 60.000 Zeichen. Die Leerzeichen sind mitgezählt, Vorwort und Verzeichnisse werden allerdings nicht mitgerechnet.

Umfang

Faktisch läuft dies auf 17–25 Seiten hinaus. In der Regel gilt es nicht als Ausdruck von besonderem Fleiß, wenn Sie mehr als 60.000 Zeichen verbrauchen. Eher entsteht der Eindruck, dass Sie das Thema nicht auf den Punkt bringen können. Bleiben Sie unter der 40.000-Zeichen-Grenze, kann es leicht so aussehen, als hätten Sie sich nicht ausreichend mit Ihrem Thema auseinandergesetzt.

Die Zeichenanzahl lässt sich in Textverarbeitungsprogrammen problemlos abfragen.

TIPP *Suchen Sie in Ihrem Textverarbeitungsprogramm die Zeichenzahl und überprüfen Sie während des Arbeitens regelmäßig, wie viel Sie schon geschrieben haben!*

1.4 Die Betreuerin bzw. der Betreuer

Die Wahl der Betreuerin bzw. des Betreuers ist von großer Bedeutung. Mit der richtigen Wahl treffen Sie eine wichtige Vorentscheidung für Erfolg oder Misserfolg Ihrer Arbeit.

Themenfindung

Was kommt zuerst? Thema oder Betreuungsperson? Rein logisch gesehen wäre es wohl so, dass Sie sich zuerst ein Thema und dann eine dazu passende Betreuungsperson suchen. In der Praxis werden Sie feststellen, dass es gar nicht so einfach ist, ein klar umrissenes Thema zu finden, das sich auf rund dreißig A4-Seiten ergiebig behandeln lässt.

Gesamtbeurteilung

Außerdem wird das Thema „einvernehmlich von Betreuer/in und Schüler/in festgelegt" (BMUKK, 1. Säule, S. 7). Erst dann kann es bei der Schulbehörde 1. Instanz eingereicht werden. Die Betreuerin/der Betreuer ist zugleich Prüfer, d. h. sie/er verfasst nach Abgabe der Arbeit eine „Beschreibung" derselben. Eine Gesamtbeurteilung erfolgt nach Präsentation und Diskussion durch die Prüfungskommission.

Sie sehen also: Die Betreuerin bzw. der Betreuer nimmt eine zentrale Position im Rahmen Ihrer VWA ein. Wählen Sie sie bzw. ihn also mit Bedacht!

TIPP *Überlegen Sie sich erst einmal, zu welchem Themenfeld oder Themengebiet Sie Ihre VWA schreiben wollen. Wenn Sie das für sich geklärt haben, suchen Sie eine geeignete Betreuerin bzw. Betreuer (= Prüferin bzw. Prüfer!). Im Prinzip haben Sie die freie Wahl!*

Kapazitäten

Ihre Arbeit muss von einer Lehrerin bzw. einem Lehrer kontinuierlich betreut werden. Die Betreuerin bzw. der Betreuer muss grundsätzlich eine Lehrperson sein. Es muss sich aber weder um die Klassenlehrkraft handeln, noch muss die oder der Betreffende das Fach unterrichten, dem das Thema entnommen ist.

Die Betreuerin bzw. der Betreuer muss allerdings sachlich und fachlich kompetent sein, das Thema und seine Ausarbeitung zu beurteilen! Der Begriff „Sachkompetenz" meint im Wesentlichen das Vorliegen fundierter Kenntnisse auf einem bestimmten Gebiet. Sachkompetenz erschöpft sich allerdings nicht in bloßer Anhäufung von Wissen, sondern umfasst auch die Fähigkeit, kritisch mit diesem Wissen umzugehen sowie es in Zusammenhänge setzen und vermitteln zu können. „Fachkompetenz" bezieht sich auf konkrete Unterrichtsfächer. Damit ist nicht ausdrücklich gesagt, dass die Betreuerin bzw. der Betreuer eine Lehrbefugnis für das Themengebiet haben muss, dem die VWA zugeordnet wird. Vor allem muss die VWA keinem bestimmten Unterrichtsfach zugeordnet werden. Das Vorliegen von Sach- und Fachkompetenz der Betreuerin bzw. des Betreuers ist nur in Bezug auf das konkrete Thema zu beurteilen. Wir werden in Kapitel 3 noch anhand konkreter Beispiele zeigen, was genau Sie sich darunter vorstellen können.

Vgl. Kapitel 3

In der Praxis ist es jedenfalls für alle Beteiligten sehr günstig, wenn die Betreuerin bzw. der Betreuer den fraglichen Gegenstand unterrichtet. Weiters ist es psychologisch von Vorteil, wenn Sie die Lehrerin bzw. den Lehrer, die oder den Sie fragen wollen, bereits kennen. Nicht erforderlich ist, dass Sie von ihr oder ihm aktuell unterrichtet werden.

Beachten Sie auch, dass jede Lehrerin bzw. jeder Lehrer höchstens fünf Kandidatinnen bzw. Kandidaten gleichzeitig betreuen darf. Wenn sie bzw. er nicht „ausgebucht" ist, darf die Lehrerin bzw. der Lehrer die Betreuung eines bestimmten Schülers nicht ablehnen. Was die Lehrpersonen allerdings sehr wohl ablehnen dürfen, sind Themen.

Also: Sie dürfen nicht aus persönlichen Gründen abgelehnt werden. Umgekehrt ist keine Lehrerin bzw. kein Lehrer verpflichtet, jedes beliebige Thema zu betreuen.

Es macht also Sinn, nicht nur die „eigenen" Lehrerinnen bzw. Lehrer um Betreuung zu bitten, sondern auch rechtzeitig nach anderen Möglichkeiten Ausschau zu halten. In der vorletzten Schulstufe werden Sie mit Lehrerinnen bzw. Lehrern Gespräche führen müssen, um herauszufinden, wer die beste Betreuungsperson für Ihr Thema ist. Die meisten AHS-Lehrerinnen und AHS-Lehrer haben während ihrer Ausbildung oder vielleicht auch später zu wissenschaftlichen Themen gearbeitet und sind darin Fachleute. Es ist überaus sinnvoll, eine Betreuerin bzw. einen Betreuer unter diesem Gesichtspunkt zu suchen. Bedenken Sie, dass Ihnen eine Betreuerin bzw. ein Betreuer am besten dann helfen kann, wenn sie bzw. er sich selbst gut mit dem Themengebiet Ihrer Wahl auskennt!

Experten

Haben Sie auf diese Weise jemanden gefunden, der als Betreuungsperson in Frage kommt, fassen Sie zusammen, wie Sie zu diesem Ergebnis gelangt sind.

DAS KÖNNTE ETWA SO AUSSEHEN:

ÜBUNG

Meine Arbeit soll ______________________________ betreuen.

Gründe dafür: ______________________________

____

____

____

____

Nun hätten Sie einen wichtigen Teil der Betreuerfindung abgeschlossen. Wenn Ihre Wunschkandidatin bzw. Ihr Wunschkandidat zusagt, haben Sie eine Betreuerin bzw. einen Betreuer gefunden!

Gesprächsbasis

Im nächsten Schritt kann die Betreuungsvereinbarung („Contracting") erfolgen. Bedenken Sie dabei von vornherein, was die Betreuung leisten kann und was nicht. Die Betreuerin bzw. der Betreuer begleitet Sie beim Prozess des Abfassens Ihrer Arbeit, und zwar kontinuierlich.

Kontinuierliche Betreuung bedeutet:

- Beratung bei der konkreten Themenfindung
- Rückmeldungen zu Inhalt, Darstellung, Argumentationsweise und sprachlicher Gestaltung

Nach Abgabe der Arbeit verfasst die Betreuerin bzw. der Betreuer eine Beschreibung der Arbeit und übermittelt diese an die Schulleitung. Danach findet noch eine Beratung zur Präsentation und Diskussion statt.

Was Betreuerinnen bzw. Betreuer nicht tun: Sie verfassen nicht die VWA für Sie. Sie schreiben sie auch nicht um und sie bessern auch keine Fehler für Sie aus. Alles das müssen Sie selbst fertig bringen. (Sie sollen ja selbstständig arbeiten!)

Also Achtung! Der Betreuer übernimmt keine Korrekturarbeiten für Sie. Er berät sehr wohl über Aufbau, Struktur und Sprache; Korrektur lesen müssen Sie aber selbst.

Voraussetzung für eine effiziente Betreuung ist, dass die Betreuerin bzw. der Betreuer auch von Ihrer Seite etwas bekommt, nämlich laufende Infos über den Fortgang der Arbeit.

Sprechen Sie daher regelmäßig miteinander. Sie müssen zumindest zwei Gesprächstermine vereinbaren, das sehen die Richtlinien des Bundesministeriums für Unterricht, Kunst und Kultur (BMUKK) vor. Viel besser ist es, in ständigem Gesprächskontakt zu Ihrer Betreuerin bzw. Ihrem Betreuer zu bleiben. Eine gute Gesprächsbasis bildet die unerlässliche Voraussetzung für einen reibungslosen

Ablauf der Zusammenarbeit. Denken Sie deshalb bei der Wahl Ihrer Betreuungsperson von vornherein auch daran, dass Sie viel mit ihr zu tun haben werden. Wenn Ihnen eine bestimmte Lehrerin bzw. Lehrer unangenehm ist oder Sie das Gefühl haben, aneinander vorbeizureden, sollten Sie sie bzw. ihn nicht bitten, Ihre VWA zu betreuen.

1.5 Contracting

Der Vertrag mit Ihrer Betreuerin bzw. Ihrem Betreuer bildet die Grundlage für die VWA. Eine besonders sorgfältige Planung hilft, Missverständnisse zu vermeiden.

Nachdem Sie die Betreuerin bzw. den Betreuer gewählt haben, sollte eine Erwartungsbesprechung stattfinden, in der alle wesentlichen Schritte der Arbeit durchgenommen werden müssen.

Die Tagesordnung der Besprechung sollte folgendermaßen aussehen:

- Erstellung eines Zeit- und Projektplans
- Besprechung möglicher Forschungsfragen, insbesondere Konkretisierung des Themas
- Besprechung der Beurteilungskriterien
- Präsentation und Diskussion
- Besprechung formaler Aspekte
- Protokolle und Betreuungsverlauf

Das Musterprotokoll finden Sie am Ende des Kapitels

Diese Besprechung muss von Ihnen auch protokolliert werden, da sie ein wichtiger Meilenstein für das Gelingen Ihrer VWA ist. Das Musterprotokoll am Ende des Kapitels soll Ihnen helfen, die Inhalte Ihres Gesprächs auch noch nach längerer Zeit nachvollziehen zu können. Ihre Betreuungsperson wird die Arbeit begleiten. Diese Begleitung beginnt mit dem Erwartungsgespräch und endet mit der Beurteilung im Rahmen der Reifeprüfung. Deshalb ist es auch wichtig, die konkrete Betreuungstätigkeit gemeinsam festzulegen. E-Mails, Chats, Telefonate und persönliche Treffen sind Möglichkeiten, um (z. B. auch während der Ferien) Kontakt zu halten.

Drei Betreuungsgespräche müssen in jedem Fall geführt werden:

- Gespräch zu Beginn der VWA
- Gespräch während der Erstellung der VWA
- Gespräch nach Abgabe und erfolgter Beschreibung der VWA

Sie können sich vermutlich vorstellen, dass ein einziges Gespräch während des Schreibprozesses zu wenig sein wird. Daher ist ein intensiver Gesprächskontakt zwischen Betreuungsperson und Kandidatin bzw. Kandidat sehr zu empfehlen. Besprechen Sie im Rahmen der Erwartungsbesprechung auch die Vorgangsweise für den Fall, dass Probleme auftreten und legen Sie gemeinsam einen „Erste-Hilfe-Plan“ fest.

Anmeldung des Themas

Sobald Sie sich mit Ihrer Betreuerin bzw. Ihrem Betreuer auf eine ganz konkrete Themenstellung geeinigt haben, müssen Sie diese der Schulleitung bekanntgeben. Die Schulleitung übermittelt das Thema dem zuständigen Landes- oder Stadtschulrat. Diese Behörde (Schulbehörde 1. Instanz) entscheidet darüber, ob das Thema im Rahmen einer VWA behandelt werden darf („Approbation“).

Für die Einreichung erhalten Sie an Ihrer Schule ein Formular. Füllen Sie dieses gemeinsam mit Ihrer Betreuerin bzw. Ihrem Betreuer aus. Sobald Sie und Ihre Betreuungsperson das Formular unterschrieben haben, ist das „Contracting“ zu Stande gekommen. Kernpunkt der Themenstellung ist der Erwartungshorizont. Er ist entscheidend für die Approbation, bildet aber auch die Grundlage für den späteren Inhalt der Arbeit und für deren Beurteilung. Er muss die Grenzen und Aussagen der Arbeit präzise darstellen. Ihre Betreuerin bzw. Ihr Betreuer legt den Erwartungshorizont gemeinsam mit Ihnen fest.

FORMULIEREN SIE DEN ERWARTUNGSHORIZONT FÜR IHRE ARBEIT:

ÜBUNG

Neben dem Erwartungshorizont ist der Themenstellung auch eine ungefähre Gliederung der Arbeit beizulegen. Ihre Vorstellungen davon, wie die Arbeit am Ende aussehen soll, sollten zu diesem Zeitpunkt also bereits einigermaßen konkret sein.

Beilagen für die Einreichung: Erwartungshorizont, Gliederung, Standard-Literaturliste

Vgl. Kapitel 7

Weiters müssen Sie Ihrem Antrag noch eine Liste der „hauptsächlich verwendete[n] Literatur" beifügen (BMUKK, 1. Säule, S. 8).

Die dabei anzugebende Fachliteratur darf keinesfalls aus Internetquellen bestehen. In dieser Phase sollten Sie vor allem Standardwerke anführen, die Sie für die Arbeit benötigen werden. Fragen Sie Ihre Betreuerin bzw. Ihren Betreuer, welche Werke wichtig sein könnten und recherchieren Sie in Ihrer Schulbibliothek, aber auch in den Katalogen des Österreichischen Bibliothekenverbunds. Verwenden Sie schon jetzt eine korrekte und einheitliche Zitierweise!

EIN KORREKTES ZITAT FOLGT ETWA DER FOLGENDEN STRUKTUR:

BEISPIEL

Nachname, Vorname: Haupttitel. Untertitel. Zahl der Bände. Zahl der Auflage. Ort: Verlag, Jahr. (Reihentitel Bandnummer).

Stoecker, Ralf (Hg.): Menschenwürde. Annäherung an einen Begriff. Wien: öbv, 2003.

ZITIEREN SIE IHRE STANDARDLITERATUR (MINDESTENS DREI WERKE):

ÜBUNG

Für den Terminplan bedeutet dies: Anmeldung des Themas bis Anfang des 2. Semesters des vorletzten Unterrichtsjahres und anschließend Approbation bis Mitte dieses Semesters. Wird das Thema nicht approbiert, müssen Sie ein neues einreichen. Ihr Zeitbudget wird dadurch knapper.

Sie kennen nun die gesetzlichen Grundlagen und den Zeitplan. Außerdem haben Sie erfahren, welche formalen Anforderungen es an Ihre Arbeit gibt (Umfang, Forschungsfrage, Gliederung usw.). Auch die Wahl der betreuenden Lehrperson sollte Ihnen nun leicht fallen.

Protokoll der Erwartungsbesprechung

Datum: ____________ Ort: ____________

Anwesend: ____________

Zeitplan:

Themenfindung	
Materialsammlung	
Auswahl der Literatur	
Formulierung der Erstfassung	
Formatierungsarbeiten	
Überarbeitung	
Gesamt	

Forschungsfragen:

Beurteilungskriterien:

Präsentation:

Formale Aspekte:

Nächste Besprechung:

2 Thema, Forschungsfrage und Titel

Kommen wir nun im Detail auf die Frage der Themenfindung zurück. Aus ihr ergibt sich der Erwartungshorizont der Arbeit. Schon allein deshalb ist es wichtig, dass Sie Ihre Themenstellung genau durchdenken und präzise formulieren.

2.1 Was Sie auf jeden Fall beachten sollten

Rahmenbedingungen

Vgl. Abschnitt 1.2

Die Themenstellung muss eine konkrete Forschungsfrage enthalten. Forschungsfragen können sehr weit gespannt sein. Im Fall einer VWA empfiehlt sich das aber nicht! Wählen Sie Ihre Forschungsfrage immer so, dass Sie sie auch mithilfe Ihrer Forschungsmöglichkeiten beantworten können. Es ist ja nicht so, dass Sie alle Zeit der Welt haben oder über unbeschränkte Mittel verfügen. Wie wir in Abschnitt 1.2 gesehen haben, steht Ihnen sogar nur sehr wenig Zeit zur Verfügung, und die müssen Sie neben dem laufenden Schul- und Prüfungsbetrieb nutzen. Hinzu kommt, dass die meisten von Ihnen nur sehr begrenzte Mittel einsetzen können, z. B. Bibliotheksrecherchen, kleinere Interviews oder einfache Experimente. Auch muss Ihre Forschungsfrage mit den Bildungszielen Ihrer Schulform oder Fachrichtung übereinstimmen (vgl. § 37 Abs. 3 SchUG). Das erlegt Ihnen ebenfalls Beschränkungen auf.

Selbstständigkeit

Das Thema muss es zulassen, dass Sie selbstständig forschen. Es reicht nämlich nicht aus, wenn Sie bloß wiedergeben, was Sie in Handbüchern oder Lexika zu Ihrem Thema finden. Vielmehr müssen Sie einen eigenständigen Forschungszugang zur Fragestellung finden – und auch erkennen lassen.

Diese Forderung kommt Ihnen vielleicht lästig vor, sie ist aber durchaus berechtigt: Jede Wissenschaft hat die Erweiterung von Erkenntnis und Wissen zum Ziel. Auch wenn eine VWA im Allgemeinen nur einen kleinen Teil dazu beitragen kann, gelten für sie doch dieselben Regeln wie für größere wissenschaftliche Vorhaben. Die VWA soll Ihnen erstmals die Möglichkeit geben, einen Beitrag zu einem Gegenstand zu leisten, mit dessen Grundlagen Sie sich über mehrere Jahre hinweg vertraut gemacht haben.

Bevor wir die Erfordernisse wissenschaftlichen Arbeitens nun im Detail behandeln, sollten wir zunächst einmal ganz grundsätzlich klären, was überhaupt eine Forschungsfrage sein kann.

2.2 Forschungsfragen

Sprache und Inhalt

Zunächst einmal ist festzuhalten, dass Forschungsfragen nicht zwingend in Form von Fragesätzen formuliert sein müssen. In der wissenschaftlichen Praxis ergibt sich der Fragecharakter meist implizit aus Konzeptbegriffen und fachsprachlich formulierten Aussagen. Sie aber stellen zum ersten Mal eine Forschungsfrage. Formulieren Sie also ruhig Fragesätze. Sie tun sich dann leichter, Ihr Forschungsthema auf den Punkt zu bringen – und es im Verlauf der Arbeit nicht aus den Augen zu verlieren. Wir kommen darauf später noch ausführlicher zu sprechen.

An dieser Stelle interessiert uns aber zunächst: Was kann als Forschungsfrage gelten? Im Grunde genommen sehr vieles. Ob eine Frage eine Forschungsfrage ist, hängt wesentlich davon ab, in welchem Wissenschaftsbereich sie gestellt wird und welche Akzente die bzw. der Fragende setzt.

Ein konkretes Beispiel

BEISPIEL

Ein Beispiel: Die Frage „Wie war das Wetter letzten August in Wien?“ scheint eher banal zu sein. Wenn Sie Meteorologin oder Meteorologe sind, kann sie aber sehr wohl zur Forschungsfrage werden. Sie müssen nur konkreter werden und ein bestimmtes Forschungsinteresse artikulieren: „Atypische Niederschlagsformen im Nordwesten des Wiener Beckens. Studien im Lichte ausgewählter Langzeit-Klimamodelle“. *Das* kann durchaus eine forschungsrelevante Thematik sein, vor allem dann, wenn es im fraglichen Zeitraum in Wien – sagen wir – geschneit hat.

Sind Sie hingegen Literaturwissenschafterin bzw. Literaturwissenschafter, können Sie derlei Fragestellungen in Ihrem Forschungsgebiet gar nicht aufwerfen. Möglicherweise beschäftigen Sie sich am Rande damit, Sie forschen aber nicht eigenständig. Das ergibt sich daraus, dass literaturwissenschaftliche Forschung andere Fragen behandelt als naturwissenschaftliche und auch andere Methoden verwendet.

Spinnen wir obiges Beispiel weiter und nehmen wir an, jemand würde ein Gedicht über den Schneefall im Sommer schreiben. Titel: „Wenn es schneit im August“. Die Lyrikerin X könnte dabei eine persönliche Erfahrung (Schneefall im Hochsommer) als Bild für die Folgen menschlicher Eingriffe in „die Natur“ heranziehen. Wenn Sie sich als Literaturwissenschafterin bzw. Literaturwissenschafter mit diesem Gedicht befassen, kann es wichtig sein, sich auch auf dessen Kontext zu beziehen. Dazu gehört unter anderem der sommerliche Schneefall. Sie werden aber selber keine Studien zu diesem Thema anstellen, sondern auf Medienberichte und Fachliteratur zurückgreifen. Unsere fiktive Studie von vorhin könnte Ihnen dabei weiterhelfen und Teil Ihrer Sekundärliteratur werden.

Unterschiedliche Wissenschaftsgebiete, unterschiedliche Forschungsfragen

Sie sehen also: Unterschiedliche Wissenschaftsgebiete werfen unterschiedliche Forschungsfragen auf, die mit verschiedenartigen Methoden behandelt werden. Wenn sie daher eine Forschungsfrage für Ihre VWA suchen, fragen Sie sich zuerst, welche – wissenschaftlich relevanten – Fragen Sie interessieren könnten. Welchem Wissenschaftsgebiet lassen sich diese Fragen und Interessen zuordnen? Zu den meisten Wissenschaftsgebieten finden Sie Entsprechungen in Ihren Unterrichtsfächern: Interessieren Sie sich z. B. für das Wetter, könnten Sie ein Thema im Fach Geographie ins Auge fassen. Finden Sie eher Gedichte spannend, wird Ihre VWA mit Fächern wie Deutsch, Englisch, Latein oder Französisch zu tun haben.

Vgl. Kapitel 1

In Kapitel 1 haben Sie gelesen, dass das Thema der VWA keinem bestimmten Unterrichtsfach oder -gegenstand zugeordnet werden muss. Wichtig ist, dass die Betreuerin bzw. der Betreuer sachlich und fachlich kompetent ist. Deshalb an dieser Stelle noch einmal unser Tipp fürs Finden der passenden Betreuungsperson: Suchen Sie Fachleute für Ihre Forschungsinteressen!

Sehen wir uns nun im Überblick an, welche Wissenschaftsgebiete in Frage kommen – und welche Methoden wo bevorzugt werden. Forschungsgegenstände und Methoden hängen nämlich nicht ganz ohne Grund zusammen.

2.3 Arten der wissenschaftlichen Forschung

Die Wissenschaft gibt es nicht. Was es gibt, sind verschiedene Gebiete, Arten oder „Kulturen“ von Wissenschaft. Zweifellos haben sie gewisse Gemeinsamkeiten: So ist jede Wissenschaft dem Erkenntnisfortschritt gewidmet. Ihre Ergebnisse müssen daher allgemeingültig sein und Ihre Methoden sollten im Prinzip von jedermann nachgeprüft und nachvollzogen werden können. Wissenschaftliche Argumente sollten zusammenhängend und schlüssig formuliert sein. Sie gehen von konkreten Vorannahmen (Prämissen) aus und führen mithilfe logischer Verfahren zu bestimmten Schlussfolgerungen.

Wie dies im Einzelnen aussieht, ist damit allerdings überhaupt nicht festgelegt. Unterschiedliche Themen führen zu unterschiedlichen Forschungsfragen, die ihrerseits wiederum jeweils für sie passende Methoden erfordern.

GENERELL KANN MAN FOLGENDE WISSENSCHAFTSBEREICHE ODER -FORMEN UNTERSCHEIDEN:

Wissenschaftsbereiche

Formalwissenschaften	Naturwissenschaften	Geisteswissenschaften	Sozial- und Wirtschaftswissenschaften
Mathematik	Physik	Sprachwissenschaft	BWL, VWL
Darstellende Geometrie	Chemie	Literaturwissenschaft	Rechtswissenschaft
	Biologie	Geschichte	Soziologie
Informatik	Geographie	Religionswissenschaft/ Theologie	Politikwissenschaft
	Sportwissenschaft		Psychologie
	Psychologie	Philosophie	
		Pädagogik	
		Psychologie	

Zuordnungen von Einzelwissenschaften

Die hier getroffenen konkreten Zuordnungen sind aktuell gebräuchlich; zwingend sind sie keineswegs. Auf der allgemeinen Ebene der Wissenschaftsformen werden oft auch die Geistes- und Sozialwissenschaft zu „Kulturwissenschaften" zusammengefasst. Damit gehen aber keine neuen Methoden einher, vielmehr werden bekannte geistes- und sozialwissenschaftliche Methoden kombiniert.

Was konkrete Zuordnungen von Einzelwissenschaften betrifft, so kann z.B. das Fach „Psychologie" sowohl bei den Natur- als auch bei den Geisteswissenschaften verortet werden – aber auch bei den Sozialwissenschaften. Das hängt von wissenschaftstheoretischen Grundsatzüberlegungen ab. Aus ihnen ergeben sich Unterschiede im Blickwinkel und in der Methodenwahl. Die Wissenschaftstheorie, eine eigene Richtung der Philosophie, befasst sich mit den grundsätzlichen Problemen der wissenschaftlichen Forschung. Sagt man etwa, psychische Faktoren seien im Wesentlichen das Ergebnis elektrochemischer Prozesse im Gehirn, vertritt man ein naturwissenschaftliches Konzept von Psychologie. Wird hingegen die Eigenständigkeit der psychischen Welt betont, die über Sprache, Gesten und Bilder erschlossen werden kann, liegt ein primär geisteswissenschaftlicher Ansatz vor. Wenn man psychisches Erleben maßgeblich mit der sozialen Umwelt in Zusammenhang bringt, betreibt man Psychologie als Sozialwissenschaft. Vernünftigerweise werden alle drei Perspektiven für relevant zu erachten sein. Das macht diese Unterscheidungen nicht sinnlos, denn in jedem Fall wird es Präferenzen geben.

Dementsprechend stehen dann auch unterschiedliche Methoden im Vordergrund. Eine naturwissenschaftlich orientierte Psychologin wird v.a. erforschen, wie bestimmte chemische Substanzen die Gehirntätigkeit verändern oder beeinflussen. Ihr eher geisteswissenschaftlich ausgerichteter Kollege könnte dagegen der Bedeutung von Sätzen nachgehen, die ein Patient äußert. Eine Psychologin bzw. ein Psychologe mit sozialwissenschaftlichem Schwerpunkt wird sich eher für das Umfeld von Individuen interessieren und Interviews durchführen oder Feldforschungen anstellen.

Wie sehen die methodischen Unterschiede aus?

Unterschiedliche Forschungsmethoden

Naturwissenschaftliche Forschung beruht zumeist auf Beobachtung und Experimenten. Die Theorien, die daraus entwickelt werden, können oft mithilfe mathematischer Verfahren dargestellt werden. In diesem Forschungsbereich ist es besonders wichtig, den Zusammenhang zwischen Theorie und Experiment bzw. Beobachtung herzustellen. Wenn Sie z.B. ein Federpendel (siehe Abb. 1) beobachten und dessen Eigenschaften analysieren, dann erfordert dies nicht nur die Beschreibung des Gegenstandes und des Versuchs, sondern auch die Darstellung des Untersuchten. Mithilfe mathematischer Operationen können Sie in diesem Fall z.B. ein Weg-Zeit-Diagramm erstellen. Die Geisteswissenschaften untersuchen menschliche Lebenswelten und befassen sich mit den Errungenschaften des menschlichen Geistes. Die geisteswissenschaftliche Forschung bedient sich oft hermeneutischer Verfahren (siehe Abschnitt 7.2.3). Diese befassen sich mit der Auslegung und Interpretation von Texten. Häufig decken sich die Interpretationen verschiedener Leserinnen bzw. Leser nicht. Das ist

Beobachtung

Vgl. Kapitel 7

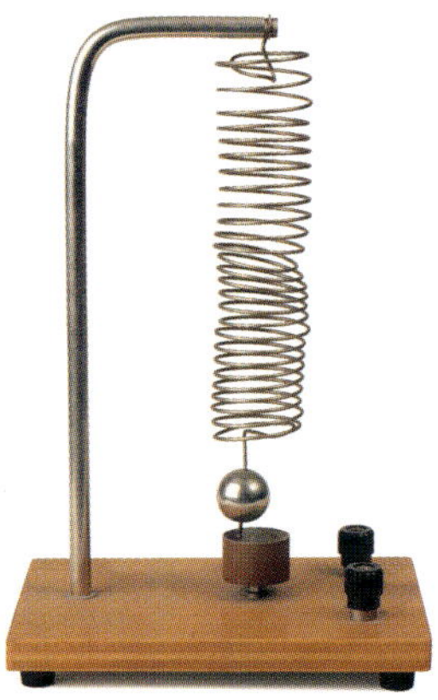

Abb. 1: Federpendel

keineswegs ein Mangel, sondern liegt in der Natur der Sache. Umso wichtiger ist es, im Rahmen wissenschaftlicher Textdeutungen genaue Begründungen für ihr Zustandekommen zu liefern. Nur so können Interpretationen sinnvoll gegeneinander abgewogen werden.

Qualitative und quantitative Methoden

Sozialwissenschaften und Wirtschaftswissenschaften können sich wie die Geisteswissenschaften hermeneutisch an ihre Gegenstände annähern, sie können aber auch Methoden anwenden, die eher in Richtung Experiment weisen. Man unterscheidet hier zwischen empirischer und hermeneutischer oder zwischen quantitativer und qualitativer Forschung.

Empirische und hermeneutische Methoden

Jede Wissenschaftsdisziplin hat ihre „bevorzugte" Forschungsmethode. In der Praxis der VWA wird sich aber durchaus zeigen, dass empirisches und interpretatorisches Arbeiten häufig Verbindungen eingehen können. So werden Sie vielleicht im Rahmen Ihrer Schlussfolgerungen zu einer VWA mit biologischer Thematik Interpretationen und Deutungen anbieten müssen oder wollen. Oder Sie befassen sich bei der Analyse eines literarischen Werks mit dem Zählen von Stilfiguren und Ähnlichem, ehe Sie zu einer Interpretation vordringen können.

In der Praxis wissenschaftlicher Forschung werden freilich oft die Unterschiede zwischen den Wissenschaften betont, sodass nicht bloß von Wissenschaftsgebieten, sondern durchaus von unterschiedlichen Wissenschaften oder Wissenschaftskulturen die Rede ist. Die Gründe dafür sind mannigfach und teils durchaus berechtigt. Tatsächlich bestehen auch gravierende Differenzen zwischen den Einzelwissenschaften (unabhängig davon, welchem „Bereich" sie nun zugeordnet werden). Allerdings betrifft all dies eine Sphäre wissenschaftlichen Arbeitens, die weit jenseits des Anfangsstadiums angesiedelt ist, in dem Sie sich mit der VWA befinden. Daher müssen wir uns mit einer Behauptung begnügen: Die Unterschiede sind nicht dermaßen unüberwindlich groß, dass es gar keine Brücken (mehr) gäbe. Es ist daher auch vertretbar, bei dem Wort „Wissenschaftsbereiche" zu bleiben.

IN WELCHEM WISSENSCHAFTSBEREICH WÜRDEN SIE IHRE VWA ANSIEDELN?

ÜBUNG

Unterschiedliche Forschungsansätze

Unabhängig von Unterschieden zwischen den Wissenschaftsbereichen und Methoden gibt es auch noch solche, die zwischen Forschungsansätzen bestehen. Gemeint sind unterschiedliche Ansprüche daran, was ein konkretes Forschungsvorhaben jeweils leisten soll oder kann.

Grundsätzlich unterscheiden wir vier Arten von Forschungsansätzen:

!

- **Beschreibung:** Ein Sachverhalt wird beschrieben (z. B. der Weg des nationalsozialistischen Deutschland in den Krieg).
- **Erklärung:** Die Ursachen für den Sachverhalt werden erklärt (z. B. Friedensschlüsse nach dem Ersten Weltkrieg und deren Folgen, Wirtschaftskrisen, Fehlentwicklungen der Massendemokratie in manchen Ländern, ideologische Polarisierungen).
- **Prognose:** Ein Ereignis wird vorhergesagt (z. B. Umweltbelastung durch dieselbetriebene Fahrzeuge und deren Auswirkungen für das 21. Jahrhundert).
- **Gestaltung:** Gestaltungsmöglichkeiten zum Erreichen von Zielen werden erarbeitet (z. B. architektonische Maßnahmen für das Wiener Stadtentwicklungsgebiet rund um den Brunnenmarkt).

Eine beschreibende Arbeit versucht, einen bestimmten Zustand oder Prozess differenziert wahrzunehmen. In einer solchen Arbeit müssen Sie sich mit nachweisbaren Tatsachen auseinandersetzen und diese wiedergeben und beurteilen. Das ist oft gar nicht so leicht, weil die Darstellung der Realität verschiedene Möglichkeiten offen lässt und vom Standpunkt des Betrachters abhängen kann. Deshalb ist es auch wichtig zu klären, welcher Standpunkt jeweils eingenommen wird und warum. Eine erklärende Arbeit hingegen versucht, ein Verständnis für Zusammenhänge zu schaffen und der Leserin bzw. dem Leser ein Begreifen zu ermöglichen. Eine Arbeit, die Prognosen erstellt, versucht zukünftige Ereignisse vorherzusagen. Diese Vorhersage muss wissenschaftlich haltbar sein und auf der Basis einer Theorie erfolgen. Hat eine Arbeit einen gestalterischen Forschungsansatz, muss sie auch Gestaltungsmaßnahmen erarbeiten, um das geforderte Ziel mittels der herangezogenen (oder in der Arbeit entwickelten) Theorie erreichen zu können. Um beim Beispiel der Stadtentwicklung zu bleiben: Architekturtheoretische Überlegungen sind hier nicht genug. Am Ende der Arbeit müssen konkrete Vorschläge stehen, wie die Gegend um den Brunnenmarkt künftig aussehen soll und mit welchen Mitteln dies zu Stande gebracht werden kann.

Der Forschungsansatz hat grundsätzlich nicht viel mit den Unterschieden zwischen Wissenschaftsgebieten bzw. -arten oder Methoden zu tun. Keine Frage, prognostisches Arbeiten wird man in den Geisteswissenschaften seltener antreffen als im naturwissenschaftlichen Bereich. In sprachwissenschaftlichen Untersuchungen können beispielsweise Prognosen über die künftige Entwicklung einer Sprache aufgestellt werden. Dafür könnten etwa Fragen wie die folgenden relevant sein: Welche Wörter werden aus dem in Österreich gebräuchlichen Deutsch bis zum Jahr 2030 aus dem Gebrauch gekommen sein? Wie viele Menschen werden im Jahr 2040 weltweit Estnisch sprechen?

2.4 Unterwegs zur Forschungsfrage

Wo sehen Sie in diesem Feld von Forschungsthemen, -methoden und -ansätzen Ihre VWA? Eher im natur- oder mehr im geisteswissenschaftlichen Bereich? Diese Frage können Sie zu Beginn der vorletzten Schulstufe vermutlich leicht beantworten. Auf welchem Gebiet liegen Ihre Stärken und Schwächen? Oder einfacher: Welche Schulfächer interessieren Sie mehr, welche weniger? Im Rahmen der VWA sollten Sie jedenfalls Ihre Stärken einbringen und keinesfalls Ihre Schwächen trainieren!

Genaueres zu wichtigen Methoden finden Sie in Abschnitt 7.2

Wollen Sie eher beschreiben oder auch ein wenig erklären? Mit welchen Methoden können und möchten Sie arbeiten? Auch die Antwort auf die zweite Frage ist eine wichtige Entscheidungshilfe, zumindest für die Richtung, die Sie mit der VWA einschlagen wollen. Arbeiten Sie lieber mit Texten oder führen Sie gerne naturwissenschaftliche Experimente durch? Arbeiten Sie lieber für sich alleine oder würde es Sie reizen, mit anderen Menschen zu arbeiten, z. B. sie zu interviewen?

ORDNEN SIE IHREM ANGESTREBTEN VWA-THEMA MÖGLICHE METHODEN ZU!

ÜBUNG

Arbeitstitel: ______________________________

____

Empirische Methoden	Hermeneutische Methoden

Falls Sie sich noch gar nicht darüber im Klaren sind, wohin die Reise gehen soll, kann Ihnen auch **Mind-Mapping®** helfen, ein Thema zu finden.

Mind-Maps® sind Hilfsmittel, um assoziative Ideen zu sammeln und in hierarchische Strukturen zu bringen. Begriffe werden dabei durch beschriftete Baumdiagramme vernetzt. So entsteht ein Geflecht von Begriffen und Beziehungen, das Ihnen letztlich die Möglichkeit gibt zu sehen, auf welche Ideen Sie kommen und welche Prioritäten Sie dabei haben.

Mind-Maps® und Brainstorming

Im Grunde visualisiert Mind-Mapping® nur das gute alte **Brainstorming**. Begriffe werden nicht einfach wahllos unter- oder nebeneinander geschrieben, sondern nach Wichtigkeit geordnet. Was Sie für wichtig halten, ergibt sich aber nicht aus der Sache selber. Auch hier müssen Sie gewichten.

Brainstorming und Mind-Mapping® funktionieren am besten, wenn Sie möglichst spontan sind und sagen oder aufschreiben, was Ihnen einfällt, ohne lange zu überlegen.

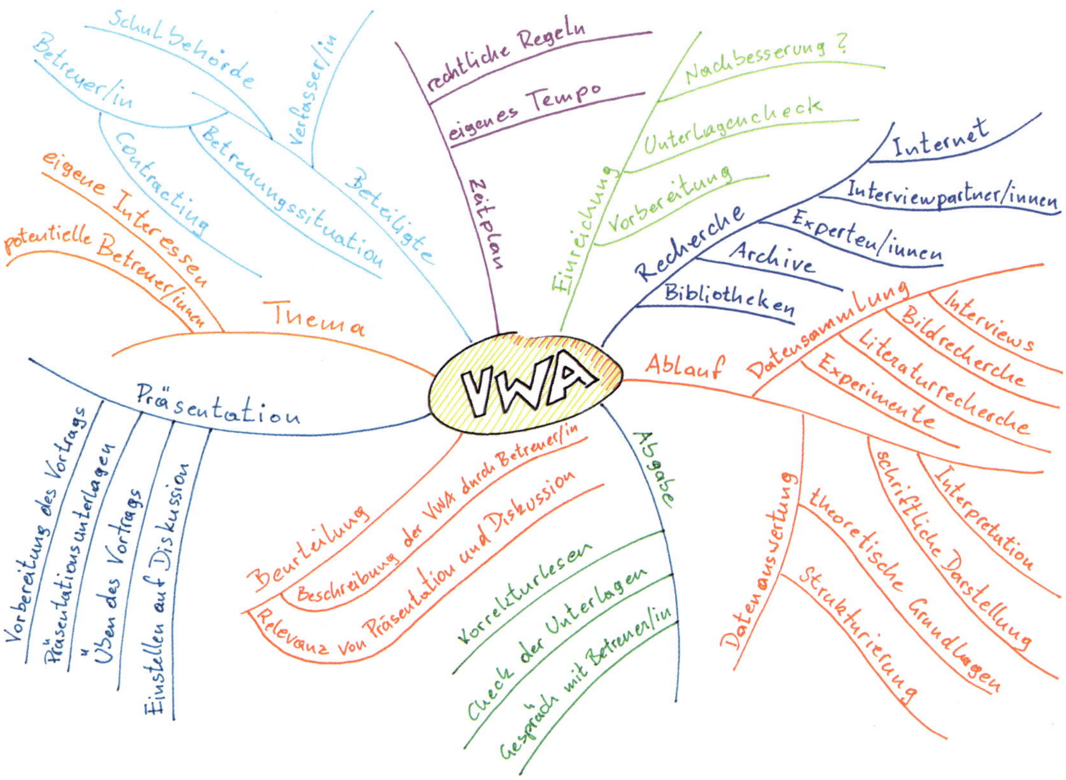

Abb. 2: Mind-Map®

Cluster liefern eine andere Möglichkeit, die Ergebnisse eines Brainstormings zu strukturieren. Dabei geht man von einem zentralen Begriff aus und bildet um diesen herum Assoziationsketten.

Arbeiten in Gruppen

Diese Methoden sind auch besonders gut für das Arbeiten in Gruppen geeignet. Vergessen Sie nicht, dass Sie die VWA nicht alleine schreiben müssen! Sie können dies auch zusammen mit einer oder zwei anderen Personen tun. Das erleichtert im Arbeitsprozess (schon bei der Themenfindung) vieles, setzt aber voraus, dass alle Beteiligten ungefähr gleiche Interessen haben! Wenn Sie sich im Bereich Sprache zu Hause fühlen, macht es wenig Sinn, eine Kollegin als Koautorin zu suchen, die eine hervorragende Mathematikerin ist, nur weil Sie sich davon eine gute Note erwarten. Ihr eigener Beitrag muss nämlich erkennbar bleiben, und der wird am Ende beurteilt. Schon allein, um gemeinsame Interessen auszuloten, machen Brainstorming und Mind-Mapping® in größeren Gruppen Sinn.

ÜBEN SIE EIN BRAINSTORMING MIT CLUSTER:

ÜBUNG

Schreiben Sie alles, was Ihnen zur Frage VWA-Thema einfällt, auf und versuchen Sie einzelne Punkte miteinander zu verbinden! Im Grunde gibt es keine Regeln und Vorschriften! In den Mittelkreis des Clusters können Sie das Arbeitsthema oder einen besonders wichtigen Punkt Ihrer Arbeit schreiben. Sie können ihn aber auch nur als Mittelpunkt des Blattes sehen! Setzen Sie sich ein Zeitlimit von 15 Minuten. So können Sie besser sicherstellen, dass Sie Ihre spontanen Überlegungen festhalten. Diese Übung können Sie genauso gut in einer Gruppe ausführen.

2.5 Formulierung der Forschungsfrage

Wissenschaftliche Aussagen sollen allgemeingültig sein. Sie stehen im Gegensatz zu Alltagswissen, das oft aus Verallgemeinerungen und nicht überprüften, teils nicht durchdachten Thesen besteht.

Vgl. Kapitel 6

Eine VWA wird kaum neue wissenschaftliche Erkenntnisse hervorbringen. Dennoch: Bemühen Sie sich, die Darstellung Ihrer Ideen gut zu begründen. Dazu entwickeln Sie Theorien, also Aussagen, die Beobachtungen beschreiben und Prognosen erlauben (mehr dazu erfahren Sie in Kapitel 6).

Bewältigbare Ausarbeitung

Bedenken Sie also schon bei der Themenfindung, dass Sie am Ende zumindest eine minimale theoretische Reflexion zum Ausdruck bringen sollen. Es geht letztlich darum zu beweisen, dass Sie in der Lage sind, wissenschaftlich zu arbeiten und zu argumentieren. Überfordern Sie sich aber nicht! Globale oder sehr forschungsintensive Themen sollten Sie überhaupt vermeiden. Ihr Thema muss auch in Hinblick auf die theoretischen Teile der Ausarbeitung bewältigbar bleiben.

Themen wie „Minnesang im europäischen Mittelalter“, „Perspektiven der US-amerikanischen Raumfahrt“ oder „Komponistinnen des Spätbarock“ sind ebenso ungeeignet wie „Vergleich der Allgemeinen mit der Besonderen Relativitätstheorie“ oder „Freizeitverhalten von Jugendlichen“. Wohl aber können Sie einen bestimmten Minnesänger, eine konkrete Komponistin, eine Einzelfrage zum Bereich physikalischer Zeittheorie oder zum Freizeitverhalten einer bestimmten Gruppe von Jugendlichen behandeln. Wichtig ist, dass die Fragestellung mit Mitteln beantwortet werden kann, die Ihnen zur Verfügung stehen. Die bloße Wiedergabe von Handbuchwissen reicht nicht aus!

TIPP *Halten Sie Ihr Thema daher so konkret und überschaubar wie nur irgendwie möglich!*

Sobald Sie eine halbwegs klare Vorstellung von Ihrem Thema entwickelt haben, können Sie darangehen, Ihre Forschungsfrage genau zu formulieren.

TIPP *Je enger und präziser die Forschungsfrage formuliert ist, desto besser.*

Die Formulierung einer guten Forschungsfrage braucht viel Übung. Ihre Betreuerin bzw. Ihr Betreuer wird Ihnen bei der Formulierung helfen. Eine Mind-Map oder ein Cluster kann Ihnen dabei wichtige Impulse geben. Gruppieren und strukturieren Sie die einzelnen Stichworte aus der Mind-Map oder dem Cluster und reduzieren Sie diese auf einige wenige zentrale. Auf deren Grundlage formulieren Sie nun die Forschungsfrage möglichst eng und präzise. Wenn Sie z. B. eine Arbeit über Hundeerziehung im Umfeld der Fächer Biologie und Psychologie schreiben, könnten Sie auch folgende Forschungsfragen formulieren:

- Welche psychologischen Methoden finden in der Hundeerziehung Anwendung?
- Wie steht die biologische Forschung zu den Erziehungsmethoden in Hundeschulen?

W-Fragen

!

Die Forschungsfrage sollte man als W-Frage anlegen. W-Fragen sind Fragen, die mit einem W-Wort beginnen (was, wie, woher usw.). Dadurch werden eine präzise Fragestellung und vor allem eine klare Antwort auf die Fragestellung möglich. Es macht keinen Sinn, irgendwelche wissenschaftlichen Begriffe einzubauen, nur damit die Frage besser klingt. Die Forschungsfrage wird Sie die ganze Arbeit hindurch begleiten und am Ende Ihrer Arbeit sollten Sie sie auch beantworten können.

FORMULIEREN SIE NUN DIE FORSCHUNGSFRAGE IHRER ARBEIT:

ÜBUNG

So, da hätten Sie schon einmal einiges geschafft! Aber schalten Sie trotzdem noch einmal einen Gang zurück und denken Sie Ihr Arbeitsvorhaben in Ruhe durch! Wie wird es voraussichtlich aussehen? Wie werden Sie es bewältigen (können)? Dieser Reflexionsbogen unterstützt Sie dabei.

dj5528
www.oebv.at

FÜLLEN SIE DIESEN REFLEXIONSBOGEN AUS! VERWENDEN SIE RUHIG STICHWÖRTER UND NOTIZEN:
(Dieses Formular steht auch zum Download bereit: www.oebv.at)

ÜBUNG

Untersuchungs-gegenstand:	
Arbeitstitel:	
Was werde ich alles bearbeiten?	
Idee meiner Arbeit:	
Theorie(n):	
Ziel:	
Forschungsfrage(n):	
Wichtige Begriffe:	
Mögliche Resultate:	
Vorgangsweise:	
Literatur:	

Am Ende dieser Reflexion müssen Sie entscheiden, ob Ihre Fragestellung es wert ist, Sie ein Jahr lang zu begleiten. Wenn Sie Zweifel an Ihrer Themenstellung haben, kontaktieren Sie Ihre Betreuerin bzw. Ihren Betreuer und konfrontieren Sie sie bzw. ihn damit. Das ist so ziemlich der letztmögliche Zeitpunkt, zu dem Sie Ihr Thema noch ohne größeren Aufwand ändern können!

2.6 Finden des Themas und des Titels

Der Titel ist zwar nicht das Wichtigste an Ihrer Arbeit, aber er steht auf der ersten Seite und soll beim Leser Interesse wecken.

Der Titelblatt der britischen Sonntagszeitung „News of the World“ (Abb. 4) weckt das Interesse der Leserin bzw. des Lesers und ist insofern gut gelungen. Trotzdem unterscheidet es sich grundlegend von einem wissenschaftlichen Titel.

Abb. 3: Titelseite der allerletzten Ausgabe von „News of the World“

Ein wissenschaftlicher Titel enthält Konzeptbegriffe, Hinweise auf den Untersuchungskontext und die Ziele der Arbeit.

!

Mit Konzeptbegriffen bringen Sie zum Ausdruck, um welche Kernthemen Ihre Arbeit kreisen wird. Der Untersuchungskontext bezieht sich auf den zeitlichen, räumlichen, sozialen und kulturellen Rahmen Ihrer zentralen Thematik. Ziele können Sie im Vorhinein nicht abschließend definieren, wohl aber eine erste Vorstellung davon.

BEISPIEL

EIN BEISPIEL FÜR EINEN TITEL, DER DIE GENANNTEN ANFORDERUNGEN ERFÜLLT:

Peermediation – Untersuchung des Konzeptes für Peermediation an ausgewählten Beispielen am BG Klosterneuburg.

Peermediation ist hier der Konzeptbegriff. Das Wort bezeichnet eine bestimmte Methode, Konflikte unter Schülerinnen und Schülern zu lösen. Die Schülerinnen und Schüler sollen dabei selbst aktiv werden, und das in ihrer eigenen Peergroup. (Damit ist eine Gruppe von Personen ungefähr gleichen Alters und vergleichbarer sozialer Stellung gemeint.) Den Untersuchungskontext bilden ausgewählte Beispiele am BG Klosterneuburg. Das (Haupt-) Ziel ist in jedem Fall, die Methode „Peermediation“ in einem spezifischen Umfeld zu untersuchen.

ERSTELLEN SIE NUN DEN TITEL IHRER ARBEIT:

ÜBUNG

Konzeptbegriff:	
Untersuchungskontext:	
Ziel:	

Titel: ______________________________

____

Sie kennen nun Ihre Forschungsfrage und sollten den Titel Ihrer VWA formulieren können. Sie wissen auch, welchem Wissenschaftsbereich Ihre VWA zugeordnet werden kann und wie Ihr Forschungsansatz konkret aussehen soll.

3 Die Einreichung der Vorwissenschaftlichen Arbeit

In diesem Kapitel erfahren Sie, welche formalen Vorarbeiten zu leisten sind, bevor die eigentliche Arbeit losgeht: wie die Einreichung offiziell abzuwickeln ist bzw. wie der Antrag aussehen soll. Außerdem gewinnen Sie einen ersten konkreten Eindruck, wie ein Erwartungshorizont am besten formuliert wird und erhalten nützliche Tipps zu Gliederung und Literaturangaben.

3.1 „Formalitäten"

Vgl. Abschnitt 1.2

Wie schon in Kapitel 1 erwähnt, reichen Sie die Themenstellung Ihrer VWA bei der Schulbehörde 1. Instanz ein. Damit ist der für Ihre Schule zuständige Landes- oder Stadtschulrat gemeint. Die Einreichung muss zu Beginn des 2. Semesters der vorletzten Schulstufe erfolgen. Die Behörde entscheidet dann bis Mitte dieses Semesters. Sie kann das Thema annehmen („approbieren") oder nicht. Wird das Thema nicht approbiert, müssen Sie im schlimmsten Fall ein neues Thema wählen. Die Behörde kann aber auch bloß Verbesserungen im Detail verlangen. In beiden Fällen verlieren Sie allerdings Zeit – im zweiten weniger als im ersten, aber immerhin: Ihr Zeitbudget ist ohnehin schon denkbar knapp.

Arbeiten Sie Ihren Antrag deshalb von vornherein so präzise und korrekt wie möglich aus. Dies gilt v.a. für die Formulierung der Themenstellung selbst. Aber auch die ungefähre Gliederung Ihrer Arbeit und Ihr Literaturverzeichnis sollten keine Mängel erkennen lassen.

Ihr Antrag muss jedenfalls folgende Informationen enthalten:

- Betreuer
- Thema
- Erwartungshorizont
- Literatur

Vgl. Abschnitt 1.4

Vgl. Beispiele in Abschnitt 3.2

Sie können die Prüferin bzw. den Prüfer frei wählen, wobei aber die Betreuerin bzw. der Betreuer (die bzw. der gleichzeitig Ihre Prüferin bzw. Prüfer ist) nicht mehr als fünf Schülerinnen und Schüler gleichzeitig betreuen darf. Die Betreuerin bzw. der Betreuer muss sach- und fachkundig sein. Was das bedeutet, haben wir schon in Kapitel 1 erörtert. Sachkompetent ist eine Lehrerin bzw. ein Lehrer auf jeden Fall, wenn sie bzw. er ein Fach unterrichtet, das den größten Bezug zum Thema Ihrer VWA hat. Das bedeutet übrigens nicht, dass Sie Ihre VWA in einem bestimmten Gegenstand schreiben (müssen). Das Thema kann (und wird gelegentlich auch) verschiedenen Gegenständen zugeordnet werden.

TIPP *Das Formular für die Einreichung der Vorwissenschaftlichen Arbeit erhalten Sie an Ihrer Schule.*

3.2 Der Erwartungshorizont

Nachdem Sie Ihre Forschungsfrage formuliert haben, müssen Sie dazu nun einen Erwartungshorizont formulieren. Der Erwartungshorizont legt für die Betreuerin bzw. den Betreuer fest, was Sie sich von Ihrer Arbeit erwarten. Die Übereinstimmung Ihrer VWA mit dem Erwartungshorizont spielt eine große Rolle bei der Beurteilung Ihrer VWA. Auch die Genehmigung Ihres Themas erfolgt anhand des Erwartungshorizonts. Forschungsfrage und Erwartungshorizont müssen zusammenpassen. Schon aus der Formulierung der Fragestellung ergibt sich ja eine bestimmte Erwartungshaltung.

Es ist also nicht sinnvoll, ein Thema möglichst eindrucksvoll zu formulieren, wenn dann ein eher schlichter Erwartungshorizont folgt. Kreist die Forschungsfrage z. B. um „zahlentheoretische Aspekte linearer Gleichungen", sollte sich der Erwartungshorizont nicht bloß auf Schwierigkeiten von Schülerinnen und Schülern beim Lösen solcher Gleichungen beziehen. Ein solcher Erwartungshorizont könnte für eine VWA übrigens durchaus geeignet sein, wenn Sie ihn entsprechend einschränken und konkretisieren. Die Fragestellung muss allerdings dazupassen.

Im Erwartungshorizont müssen Sie die Ziele Ihrer Arbeit zum Ausdruck bringen. Formulieren Sie Ihre Sätze am besten mit „Die Arbeit soll ..."

EIN KONKRETES BEISPIEL 1: LUDWIG WITTGENSTEIN ALS VOLKSSCHULLEHRER

BEISPIEL 1

Abb. 4: Ludwig Wittgenstein (1889–1951), Philosoph

Beatrix K. war im Sommer mit ein paar Freundinnen auf dem Schneeberg im südlichen Niederösterreich wandern. Gleich auf der Bergstation haben sie zum ersten Mal gerastet und Beatrix hat sich die alten Fotos im Raum näher angeschaut. Ihr Blick ist an einem Bild hängengeblieben, das einen jüngeren Mann mit markanten Gesichtszügen mitten in einer Schar sehr ängstlich dreinblickender Kinder zeigte. „Wer ist denn das?", fragte sie Klara, die sonst immer alles weiß. „Keine Ahnung", meinte Klara diesmal ausnahmsweise, „kenn ich nicht. Sie vielleicht?" Sie wandte sich an einen vorbeikommenden Kellner. Aber der hatte auch keine Ahnung. „Ludwig Wittgenstein ist das", sprang eine Dame ein, die dabei von ihrem Tisch aufstand. „Den kennt ihr nicht?" Die beiden Freundinnen schüttelten den Kopf, während der Kellner die Chance nutzte, sich aus der Affäre zu ziehen. „Ein ganz berühmter Philosoph. Kann ich nur empfehlen. Eine Zeitlang war er Volksschullehrer, in den 20er-Jahren ..." Die nette Dame erzählte den beiden noch ein wenig mehr über Wittgenstein, und Beatrix war fasziniert. Da hatte einer ein philosophisches Meisterwerk geschrieben und wurde dann Volksschullehrer. Nicht sehr lange offenbar, aber immerhin. Wie der wohl so gewesen war als Lehrer? Sehr fröhlich sahen die Kiddies ja nicht aus. Aber vielleicht waren die damals alle so traurig?

Die Sache ging Beatrix nicht mehr aus dem Kopf, und kurz nach der Bergtour organisierte sie sich Bücher von und über Wittgenstein. Sehr spannendes Zeug eigentlich. Und vielleicht sogar nützlich, schließlich hatte Beatrix ohnedies vorgehabt, sich in den Ferien ein Thema für ihre Vorwissenschaftliche Arbeit zu überlegen. Why not?

Nach einigen Beratungen mit ihrer Lateinlehrerin, die auch philosophischen Einführungsunterricht gibt, meldet Beatrix folgendes Thema an: „Der Philosoph als Volksschullehrer. Ludwig Wittgenstein als Lehrer in Trattenbach und Puchberg am Schneeberg, 1920–1926".

Der Erwartungshorizont einer solchen VWA könnte demnach etwa so aussehen:

Die Arbeit soll die Tätigkeit Ludwig Wittgensteins als Lehrer an zwei Volksschulen beleuchten. Dabei soll auch der schulgeschichtliche Kontext der 1920er-Jahre in Österreich einbezogen werden. Die Arbeit wird sich mit Wittgensteins Biografie, vor allem bis 1926, seinen eigenen schriftlichen Hervorbringungen und Berichten anderer im Zusammenhang mit seiner Tätigkeit als Lehrer und den Konflikten auseinandersetzen, die letztlich dazu geführt haben, dass er den Lehrerberuf aufgegeben hat.

BEISPIEL 1

Von einer solchen Arbeit erwartet man sich

- eine schlüssige Darstellung der Phase in Wittgensteins Leben, während der er an Volksschulen unterrichtet hat, auch anhand von Texten Wittgensteins,
- die Beschreibung von Wittgensteins Tätigkeit als Lehrer und einen Einblick in vorherrschende Sichtweisen zeitgenössischer Pädagogik,
- eine zumindest rudimentäre Kontextuierung mit Wittgensteins philosophischem Schaffen im Untersuchungszeitraum sowie
- die Beschäftigung mit Wittgensteins Biografie und einigen seiner Texte.

Als Betreuerinnen und Betreuer kommen Lehrerinnen und Lehrer unterschiedlicher Fachrichtungen in Betracht: Philosophie/Psychologie, Geschichte/Sozialkunde/Politische Bildung, Deutsch (Wittgenstein hat in seiner Zeit als Lehrer auch ein „Wörterbuch für Volksschulen" verfasst).

EIN KONKRETES BEISPIEL 2: DIE FIBONACCI-FOLGE

BEISPIEL 2

Sarah M. war schon immer ein großer Mathe-Fan und hat sich bereits mit Fragen mathematischer Theorie beschäftigt. Dass der Grenzbereich zur Philosophie ziemlich spannend sein kann, ist ihr dabei auch schon aufgefallen. Sind Zahlen und die Zusammenhänge zwischen ihnen reine Konstrukte oder verweisen sie auf eine Realität außerhalb der Welt mathematischer Operationen?

Als diese Überlegungen bei Sarah virulent werden, plagt sie sich außerdem gerade mit der Suche nach einem VWA-Thema. Der Roman eines argentinischen Mathematikers, von der Grundstruktur her ein Krimi, letztlich aber weit mehr als das, bringt sie auf eine Idee (konkret handelt es sich hier um Martínez, Guillermo: Die Pythagoras-Morde. Frankfurt am Main: Eichborn, 2005). Sarahs Mathe-Professorin ist begeistert, und so entsteht ein VWA-Thema mit folgender Fragestellung: „Die Fibonacci-Folge und ihr Auftreten in der Natur".

Möglicher Erwartungshorizont:

Die Arbeit soll klar strukturiert und in sich abgeschlossen lesbar sein. Das heißt, es ist eine Einführung in die Theorie der Folgen nötig, außerdem die sorgfältige Definition der Fibonacci-Folge und die Darstellung einiger ihrer Eigenschaften.

Alle mathematischen Aussagen sollten vollständig bewiesen sein, zumindest müsste eine präzise Referenz auf entsprechende Literatur vorhanden sein.

Es sollen die Besonderheiten der Fibonacci-Folge herausgearbeitet werden und vor allem ihr Auftreten in der Natur, aber auch in der Astronomie, Musik usw. beschrieben werden.

Auch könnte der innermathematische Zusammenhang mit dem Goldenen Schnitt erklärt werden.

Von einer solchen Arbeit erwartet man sich

- eine allgemeine, gut strukturierte, mathematisch korrekte Einführung in die Theorie der Folgen, die alle Begriffe einführt, von denen in der Arbeit Gebrauch gemacht wird,
- die exakte Definition sowie die Herleitung einiger wichtiger Eigenschaften der Fibonacci-Folge und
- die Darstellung des Auftretens der Fibonacci-Folge in Natur bzw. Astronomie bzw. Musik usw. an gut gewählten Beispielen.

Als Betreuerinnen bzw. Betreuer kommen hier vor allem Mathematiklehrerinnen und -lehrer in Betracht. Es ließen sich aber auch sehr gut Anbindungen an Philosophie und Bildnerische Erziehung herstellen.

EIN KONKRETES BEISPIEL 3: RAUCHEN

BEISPIEL 3

Fritz R. leidet am Zigarettenqualm anderer. Davon fühlt er sich regelrecht verfolgt. Seine Eltern rauchen, sein Bruder raucht, die meisten seiner Bekannten rauchen. Fritz kriegt kaum Luft, wenn es in einem Raum zu starker Rauchentwicklung kommt. Das ist den meisten, die ihn kennen, auch bestens bekannt, aber kaum jemand nimmt Rücksicht darauf, findet zumindest Fritz. Weil er den Eindruck gewonnen hat, dass Eigeninteresse mehr bewirkt, hat er angefangen, andere über die verheerenden Folgen des Rauchens aufzuklären. Mit mäßigem Erfolg zwar, aber trotzdem ist seine Aufklärungsarbeit für ihn zu einem wichtigen Thema geworden. Als es darum geht, ein VWA-Thema zu finden, ist die Sache für Fritz im Grunde klar. Als Fragestellung formuliert er: „Wie schädlich ist der Konsum von Zigaretten für die Gesundheit eines jungen Menschen?"

Möglicher Erwartungshorizont:

Die Arbeit soll sich mit den Auswirkungen der Schadstoffe von Zigarettenrauch auf Atemwege und Lunge jüngerer Menschen beschäftigen (sowohl beim Aktiv- wie Passivrauchen). Auch sollen Auswirkungen im psychischen Bereich (Abhängigkeit) ausgeleuchtet werden.

Dies wird hauptsächlich unter Heranziehung von Forschungsliteratur erfolgen. Auch eine empirische Untersuchung soll angestellt werden, um der Frage nachzugehen, wie sich Jugendliche beim Rauchen fühlen, warum sie rauchen und ob bereits Abhängigkeiten vorliegen.

Die Ergebnisse dieser Untersuchungen werden zueinander in Beziehung gesetzt um zu klären, welche Motive es für Jugendliche überhaupt gibt zu rauchen, obwohl die gesundheitsschädigenden Wirkungen des Zigarettenkonsums hinlänglich bekannt sind, ob sich gesundheitliche Probleme bereits im Jugendalter feststellen lassen, und welcher Art diese Probleme sind.

Von einer solchen VWA erwartet man sich

- Informationen zu den gesundheitlichen Folgen des Zigarettenkonsums allgemein und insbesondere unter Jugendlichen, sowohl beim aktiven wie beim passiven Rauchen,
- methodisch saubere Darstellung der Forschungsliteratur und Abwicklung einer empirischen Studie sowie
- die Herausarbeitung von Motiven, die Jugendliche zum Rauchen bewegen sowie der Folgen des Rauchens auf Atemwege und psychisches Befinden.

Als Betreuungspersonen kommen vor allem Biologie-, aber auch Psychologielehrerinnen und -lehrer in Frage.

EIN KONKRETES BEISPIEL 4: FEEN, GEISTER UND HEXEN BEI SHAKESPEARE

BEISPIEL 4

Sonja M. ist schon lange fasziniert von Shakespeare und der elisabethanischen Zeit. Deshalb wirkte sie unter anderem bei einem Shakespeare-Festival, an dem Schulen aus mehreren Ländern teilgenommen haben, mit und spielte bei der Produktion von „Mittsommernachtstraum" mit, woraufhin sie die Idee für ihre VWA geboren hat. Aus Liebe zur englischen Sprache, aber auch um die Originalsprache des Poeten zu wahren und dessen Intentionen besser nachvollziehen zu können, entscheidet Sonja ihre Arbeit auf Englisch zu schreiben. Sie wählt als Themenstellung: „Fairies, ghosts and witches in selected Shakespeare plays".

Möglicher Erwartungshorizont:

Die Arbeit soll Auftreten und Funktion von Feen, Geistern und Hexen in ausgewählten Dramen Shakespeares beleuchten. Da die Realität solcher Gestalten in der frühen Neuzeit kaum angezweifelt wurde, ganz im Gegenteil, wird auch auf den Kontext der elisabethanischen Zeit einzugehen sein.

Dies wird hauptsächlich in Form von Textinterpretationen und unter Heranziehung von Forschungsliteratur erfolgen. Feen, Geister und Hexen kommen in vielen Shakespeare-Dramen vor. Deshalb wird für die VWA eine Auswahl zu treffen sein. Wegen ihrer zentralen Funktion im „Mittsommernachtstraum" wird dieses Stück jedenfalls dabei sein müssen. Auch macht es Sinn, eher bekannte Stücke zu nehmen, zu denen es auch viel Forschungsliteratur gibt. Insofern bietet sich als weiteres Beispieldrama „Macbeth" an.

BEISPIEL 4

Im Ergebnis wird man sich erwarten können, dass neben einer allgemeinen Darstellung des Feen-, Geister- und Hexenglaubens in elisabethanischer Zeit dessen Präsenz in den gewählten Shakespeare-Dramen analysiert wird, und zwar in unterschiedlichen Perspektiven, zumindest auch in metaphorischer Hinsicht.

Von einer solchen VWA erwartet man sich

- allgemeine Informationen zu magischen Weltbildern in der Frühen Neuzeit, insbesondere im England Elisabeths I.,
- Darstellung der Rolle von Feen, Geistern und Hexen im „Mittsommernachtstraum" und in „Macbeth" unter methodisch korrekter Verwendung von aktueller Standard- und Forschungsliteratur sowie
- Erkenntnisse zum Verhältnis Shakespeare'scher Dramen und ihrer Umwelt im Blick auf Feen, Geister und Hexen.

Da Sonja M. ihre Arbeit auf Englisch schreibt, kommen als Betreuerinnen bzw. Betreuer wohl nur Personen in Betracht, die (auch) Englisch unterrichten. Ansonsten könnten auch Deutsch-, Geschichts- sowie Philosophielehrerinnen und -lehrer gefragt werden.

EIN KONKRETES BEISPIEL 5: BOB DYLAN

BEISPIEL 5

Benjamin K. ist selber Musiker. Seit vielen Jahren spielt er Gitarre, und in letzter Zeit hat es ihm vor allem Bob Dylan angetan. Deshalb entscheidet er sich dafür, seine VWA zu Dylan zu schreiben. Den Fokus will er dabei auf die Musikgattung legen, mit der er sich selber in den letzten Monaten besonders intensiv beschäftigt hat. Seine Fragestellung lautet: „Welche Bedeutung hat Bob Dylan für die Folk- und Rockmusik? Biographische und musikgeschichtliche Aspekte".

Abb. 5: Bob Dylan (geb. 1941), Folk- und Rockmusiker

Möglicher Erwartungshorizont:

Die Arbeit soll kurze Informationen zu Bob Dylans Karriere als Musiker bieten und den Fokus dann auf seine Wirkung als Folk- und Rockmusiker legen. Insbesondere die Rezeption Dylans durch andere Komponisten, Interpreten und Schriftsteller soll hier angesprochen werden.

Über weite Strecken wird sich die Arbeit mit Werkinterpretationen und ihrem Rezeptionskontext beschäftigen. Dazu ist entsprechende Forschungsliteratur heranzuziehen. Einen weiteren wichtigen Kontext bildet die Biographie Bob Dylans, der ebenfalls anhand entsprechender Literatur im Detail nachgegangen wird.

Im Ergebnis wird man sich eine schlüssige Darstellung der Relevanz Bob Dylans für die Folk- und Rockmusik erwarten können.

Von einer solchen VWA erwartet man sich

- allgemeine biographische und werkgeschichtliche Informationen zu Bob Dylan,
- Darstellung von Dylans Weg zur Folk- und Rockmusik sowie des Wandels innerhalb seines jahrzehntelangen Schaffens,
- Behandlung wichtiger Facetten der Rezeptionsgeschichte sowie
- Perspektiven heutiger Dylan-Rezeption.

Als Betreuerinnen und Betreuer kommen hier Musik-, Englisch-, Deutsch- und Philosophielehrerinnen und -lehrer in Betracht.

EIN KONKRETES BEISPIEL 6: FRANZ JÄGERSTÄTTERS WEHRDIENSTVERWEIGERUNG

Abb. 6: Franz Jägerstätter (1907–1943)

Elisabeth F. möchte eine VWA über Franz Jägerstätter schreiben, über den sie kürzlich eine Fernsehdokumentation gesehen hat. Jägerstätter (1907–1943) war ein Landwirt aus St. Radegund (OÖ). Im Februar 1943 weigerte er sich aufgrund seiner religiösen Überzeugungen, Soldat in der deutschen Armee („Wehrmacht") zu werden. Er sei gläubiger Katholik und könne daher keinen Wehrdienst leisten. Für den NS-Staat in den Krieg zu ziehen sei mit seinem Gewissen nicht vereinbar. Jägerstätter wurde vom Reichskriegsgericht in Berlin wegen „Wehrkraftzersetzung" zum Tode verurteilt und hingerichtet. Seine Haltung war noch lange nach Ende des Zweiten Weltkriegs Gegenstand kontroversieller Diskussionen. In der österreichischen Nachkriegsgesellschaft und -politik gab es starke Vorbehalte gegen Kriegsdienstverweigerer und Wehrmachtsdeserteure. Die katholische Kirche, auf die sich Jägerstätter bei seiner Entscheidung berufen hatte, stand ihm und seiner Haltung lange Zeit ablehnend gegenüber. Insbesondere wurde von kirchlicher Seite über lange Zeit betont, dass Jägerstätter der Berufung auf sein eigenes Gewissen nicht den Vorzug gegenüber kirchenoffiziellen Stellungnahmen zum Zweiten Weltkrieg hätte geben dürfen. Später (1997) leitete die katholische Kirche einen Seligsprechungsprozess für Jägerstätter ein, an dessen Ende er zum Seligen erklärt wurde.

Elisabeth F. findet, „Franz Jägerstätter und das Gewissen" wäre ein geeignetes VWA-Thema. Keine gute Idee! Schon der Titel lässt einen Erwartungshorizont entstehen, in dessen Rahmen das weite Themenfeld „Gewissen" mit unterschiedlichen, höchst ambivalenten philosophischen, psychologischen, moralischen bzw. ethischen, sprachlichen, historischen, religionswissenschaftlichen und theologischen Bedeutungsebenen angemessen behandelt wird. Im Fall einer VWA wäre dies ein Ding der Unmöglichkeit, da dieses Thema deren möglichen Umfang bei weitem sprengen würde. Das von Elisabeth ins Auge gefasste Thema kann in einem solchen Rahmen unter keinen Umständen sinnvoll abgehandelt werden.

Elisabeth, die sich aber nun einmal für Jägerstätter und seine Gewissensentscheidung interessiert, könnte ihr Thema deutlich einschränken. Als bewältigbare Themenalternative wäre z. B. denkbar: „Franz Jägerstätters Wehrdienstverweigerung: Wie stellt sich seine Entscheidung in seinen Briefen und Notizen dar?" Damit verschiebt sich der Fokus vom „Gewissen" als solchem auf Jägerstätters Auffassung dazu. Zugleich wird diese Auffassung nicht ganz allgemein, sondern ganz konkret auf ein bestimmtes Textkorpus bezogen (nämlich Briefe und Tagebucheinträge). Dieses Textkorpus ist mit adäquaten methodischen Mitteln zu untersuchen. Dabei wird auch der biographische Kontext von Jägerstätters Wehrdienstverweigerung eine Rolle spielen.

Der Erwartungshorizont einer solchen VWA könnte demnach etwa so aussehen:

Die Arbeit soll das zwiespältige Bild des wegen Wehrdienstverweigerung hingerichteten Franz Jägerstätter anhand seiner Texte analysieren.

Franz Jägerstätters weltanschauliche Prägung und deren Wirkung auf die katholische Kirche und sein Umfeld sollen beschrieben werden.

Die Arbeit wird sich mit Jägerstätters Biographie, seinen Texten (Briefen und Heften) sowie der Analyse dieser Texte auseinandersetzen.

Von einer solchen Arbeit erwartet man sich

- eine schlüssige Darstellung zu Franz Jägerstätters Kriegsdienstverweigerung anhand seiner Texte,
- die Beschreibung von Jägerstätters weltanschaulicher Ausrichtung und
- die Beschäftigung mit seiner Biographie und seinen Texten.

Als Betreuerinnen bzw. Betreuer kommen dabei Lehrerinnen bzw. Lehrer unterschiedlicher Fachrichtungen in Betracht: Geschichte/Sozialkunde/Politische Bildung, Psychologie/Philosophie, Religion sowie Deutsch (wenn die Briefe im Zentrum der Arbeit stehen).

BEISPIEL 7

EIN KONKRETES BEISPIEL 7: COMPUTERSPIELE UND FREIZEITVERHALTEN

Gregor W. interessiert sich brennend für Computerspiele. Aber wie soll er damit zu einem VWA-Thema kommen? Irgendetwas über seine persönlichen Erfahrungen mit Computerspielen, aufgemotzt mit Zahlenmaterial und technischen Infos zu Datenmengen, Bildauflösung usw. zusammenstellen? Dann noch ein bisschen was dazuschreiben, wie er sich beim Spielen am PC fühlt? Wohl eher nicht ...

Hingegen ist es völlig in Ordnung, wenn sich Gregor z. B. ein ganz bestimmtes Computerspiel aussucht, das vielleicht gerade „angesagt" ist. Dann könnte das Thema vielleicht folgendermaßen lauten: „Relevanz des Computerspiels X für das Freizeitverhalten von AHS-Schülerinnen und AHS-Schülern der letzten beiden Jahrgänge. Untersuchung am Beispiel der Gymnasien A, B und C in D."

Der Erwartungshorizont einer solchen VWA könnte so aussehen:

Die Arbeit gibt einen Überblick zu Inhalt, Funktionsweisen und technischen Parametern des Computerspiels X.

Das Freizeitverhalten einer alters- und ausbildungsmäßig vergleichbaren Gruppe von Jugendlichen wird empirisch untersucht, und zwar in Hinblick auf die Relevanz von Computerspiel X.

Diese Untersuchung erfolgt anhand ausgewählter Stichproben mithilfe von Methoden der empirischen Sozialforschung.

Von dieser VWA könnte man erwarten, dass

- man umfassende Infos zu Computerspiel X erhält,
- Methoden empirischer Sozialforschung auf eine repräsentative Gruppe angewendet werden, wobei auch deutlich herausgearbeitet wird, welche Methoden wie angewendet, wie die Stichprobe gezogen wurde usw., sowie dass
- eine schlüssige Deutung angeboten wird, ob, und falls ja, auf welche Weise Computerspiel X relevant für das Freizeitverhalten der ins Auge gefassten Jugendlichen ist.

Auch hier kommen Betreuungspersonen mit unterschiedlichen Fächern in Betracht: Informatik, Psychologie/Philosophie, Geschichte/Sozialkunde/Politische Bildung und Geographie/Wirtschaftskunde.

BEISPIEL 8

EIN KONKRETES BEISPIEL 8: THEMEN, MOTIVE UND STILMITTEL BEI JULI ZEH

Claudia S. hat gerade ganz fasziniert den Roman „Spieltrieb" von Juli Zeh gelesen. Insbesondere Ada, die Protagonistin des Romans, hat es ihr angetan. Claudia fängt an, sich für die Autorin zu interessieren. Sie liest drei weitere Romane von Juli Zeh und findet deren Sprache genauso „cool" wie ihre Themen. Ob man da nicht etwas für eine VWA finden könnte?

Claudia denkt darüber nach, unterhält sich mit ihrer Deutschlehrerin über ihre Ideen und formuliert wenig später ihre Fragestellung: „Zentrale Themen und Motive sowie spezifische Stilmittel in den Romanen von Juli Zeh. Unterschiede und Gemeinsamkeiten".

Abb. 7: Juli Zeh (geb. 1974)

Möglicher Erwartungshorizont:

Die Arbeit soll die zentralen Themen und Motive sowie stilistische Spezifika in vier Romanen der Schriftstellerin Jul Zeh herausarbeiten und analysieren.

Dies wird hauptsächlich in Form von Textinterpretationen geschehen. Ganz ohne Kontextuierung kommt ein solcher Ansatz nicht aus. Deshalb werden historische, philosophische, literarische und kulturelle Bezugsrahmen der Romane zumindest ansatzweise einbezogen.

Die Ergebnisse dieser Interpretationen werden zueinander in Beziehung gesetzt, um zu klären, ob es übergreifende Themenfelder oder Leitmotive gibt, die in allen vier Romanen oder in einigen von ihnen erkennbar sind. Gleiches geschieht hinsichtlich sprachlicher Ausdrucksformen.

BEISPIEL 8

Von einer solchen VWA ließe sich erwarten, dass

- geraffte, kompakte Basisinfos zu Werk und Person der Autorin zusammengestellt werden,
- sie methodisch saubere, schlüssige und folglich gut argumentierte Textanalysen enthält und
- der Herausarbeitung von zentralen Themen und Motiven sowie stilistischer Besonderheiten in den untersuchten Romanen einschließlich der Frage, was davon sich „durchzieht", viel Raum gewidmet wird.

Claudia kann auch zu dem Ergebnis gelangen, dass es weder thematische noch motivliche oder auch sprachliche Gemeinsamkeiten der vier Romane gibt. Dann ist das ihr Untersuchungsergebnis. Wichtig ist nur, dass sie diesen Punkt in jedem Fall klar herausstellt.

Als mögliche Betreuerinnen bzw. Betreuer kommen hier v.a. Deutschlehrerinnen bzw. Deutschlehrer in Frage. Angesichts der Themen und des hohen Reflexionsgrades in Zehs Romanen könnte Claudia aber auch jemanden fragen, der Philosophie/Psychologie unterrichtet.

ÜBUNG

FORMULIEREN SIE MITHILFE IHRER FORSCHUNGSFRAGE NUN DEN ERWARTUNGSHORIZONT FÜR DIE EINREICHUNG IHRES THEMAS:

TIPP *Schreiben Sie nur Inhalte in den Erwartungshorizont, von denen Sie sicher sind, dass Sie diese auch erfolgreich bearbeiten können!*

3.3 Literaturangaben

Die Zusammenstellung der Literatur zu einem Thema nennt sich Bibliographie. Die Bibliographie kann bei Einreichung Ihrer Arbeit noch nicht vollständig sein, da Sie erst am Anfang der Forschung stehen. Die Standardliteratur zu einem Thema muss auf jeden Fall angeführt werden. Unterscheiden Sie, falls erforderlich, zwischen Primär- und Sekundärliteratur. Unter Primärliteratur versteht man die Texte, die Gegenstand der Untersuchung sind. Wenn Ihre VWA auf ein historisches Thema gerichtet ist, sollten Sie statt von „Primärliteratur" besser von „Quellen" sprechen. „Quellen" können auch nichtschriftliche Gegenstände sein, die Sie untersuchen (ein Bauwerk, ein Bild, ein Computerspiel usw.). Bei sozial- und naturwissenschaftlichen Themen müssen Sie in aller Regel keine Unterscheidung zwischen Primär- und Sekundärliteratur treffen.

Als Sekundärliteratur wird all das bezeichnet, was bereits zu dem von Ihnen behandelten Thema veröffentlicht wurde. Im Rahmen einer VWA werden Sie häufig nicht die gesamte verfügbare Sekundärliteratur durchackern können, sondern eine Auswahl treffen müssen. Auch dabei kann Sie Ihre Betreuerin bzw. Ihr Betreuer unterstützen. Ziehen Sie nach Möglichkeit Sekundärliteratur jüngeren Datums heran. Ältere Sekundärliteratur ist darin meist schon eingearbeitet. Vor allem finden Sie in neuerer Sekundärliteratur den aktuellen und nicht einen bereits überholten Forschungsstand.

Vgl. Kapitel 7

Wir werden in Kapitel 7 noch genau auf die Anforderungen eingehen, die Sie im Rahmen wissenschaftlichen Arbeitens bei der Auswahl von Sekundärliteratur erfüllen müssen. An dieser Stelle noch ein Hinweis: Wählen Sie die Forschungsliteratur einigermaßen ausgewogen und machen Sie eine entsprechende Absicht schon bei der Einreichung des Themas deutlich. Elisabeth F. etwa ist bestimmt gut beraten, wenn sie für ihr Jägerstätter-Thema nicht nur Sekundärliteratur nennt, die von kirchennahen Autorinnen bzw. Autoren verfasst wurde. Auch konfessionell unabhängige Zugehensweisen sollten vertreten sein.

TIPP *Das Sekundärliteratur-Verzeichnis muss eine gewisse Bandbreite an unterschiedlichen Sicht- und Herangehensweisen an ein Thema erkennen lassen. Nur so werden Sie später auch in der Lage sein, unterschiedliche Argumente gegeneinander abzuwägen!*

TIPP *Überfrachten Sie Ihr erstes Literaturverzeichnis nicht gleich! Denken Sie daran, dass Sie die genannte Literatur auch für Ihre Arbeit heranziehen sollten!*

Lassen Sie in den Literaturangaben vorerst Aufsätze, Zeitungsartikel, Internetquellen und andere Beiträge weg und führen Sie Werke an, die sich in größerem Umfang mit Ihrem Thema befassen.

Literaturangaben Beispiel 1

DIE LITERATURANGABEN VON BEATRIX K. ZU IHREM WITTGENSTEIN-THEMA (BEISPIEL 1) KÖNNTEN ETWA SO AUSSEHEN:

BEISPIEL

Primärliteratur:

Somavilla, Ilse (Hg.): Ludwig Hänsel – Ludwig Wittgenstein: eine Freundschaft. Briefe, Aufsätze, Kommentare. Innsbruck: Haymon, 1994.
Wittgenstein, Ludwig: Wörterbuch für Volksschulen. Mit einer Einführung von Adolf Hübner, Werner u. Elisabeth Leinfellner (Hg.). Wien: Hölder-Pichler-Tempsky, 1977.
Wittgenstein, Ludwig: Tractatus logico-philosophicus. In: Wittgenstein, Ludwig: Werkausgabe, Bd. 1. 14. Aufl. Frankfurt am Main: Suhrkamp, 2002, S. 7–85.

Sekundärliteratur:

Engelbrecht, Helmut: Geschichte des österreichischen Bildungswesens, Bd. 5: Von 1918 bis zur Gegenwart. Wien: öbv, 1988.
Friedl, Kathrin (Hg.): Schulzeit. Wie's früher war. Wien: Böhlau, 2010.
Macho, Thomas (Hg.): Wittgenstein. München: Eugen Diederichs, 1996.
McGuiness, Brian: Wittgensteins frühe Jahre. Frankfurt am Main: Suhrkamp, 1988.
Monk, Ray: Wittgenstein. Das Handwerk des Genies. 3. Aufl. Stuttgart: Klett-Cotta, 1993.
Schulte, Joachim: Wittgenstein. Eine Einführung. Stuttgart: Reclam, 1989.
Wünsche, Konrad: Der Volksschullehrer Ludwig Wittgenstein. Frankfurt am Main: Suhrkamp, 1985.
Waugh, Alexander: The House of Wittgenstein. A Family at War. London: Bloomsbury, 2009.

Literaturangaben Beispiel 2

BEI SARAH M.'S LITERATURANGABEN (BEISPIEL 2) WIRD ES WENIG SINN MACHEN, ZWISCHEN PRIMÄR- UND SEKUNDÄRLITERATUR ZU UNTERSCHEIDEN:

BEISPIEL

Die Fibonacci-Folge ist nach dem Mathematiker Leonardo Fibonacci (um 1180 bis ca. 1241) benannt. Es geht überhaupt nicht darum, wie Fibonacci selbst oder andere Mathematiker früherer Zeiten sie beschrieben haben, sondern was in aktueller Literatur über sie gesagt wird. Die Fibonacci-Folge selber ist Thema, nicht die Art und Weise, wie sie historisch behandelt wurde.

Literatur:

Dunlap, Richard A.: The Golden Ratio and Fibonacci Numbers. New Jersey u.a.: World Scientific, 2008.
Elam, Kimberly: Geometry of Design: Studies in Proportion and Composition. 6th Edition. New York: Princeton Architectural Press, 2006.
Lausch, Huberta: Fibonacci und die Folge(n). München: Oldenbourg, 2010.
Vorobiev, Nicolai N.: Fibonacci Numbers. Basel u. a.: Birkhäuser, 2002.

Literaturangaben Beispiel 3

WIE BEI DEN MEISTEN SOZIAL- UND NATURWISSENSCHAFTLICHEN THEMEN MACHT ES AUCH BEI DEM VON FRITZ R. (BEISPIEL 3) KEINEN SINN, ZWISCHEN PRIMÄR- UND SEKUNDÄRLITERATUR ZU UNTERSCHEIDEN, WEIL JA NICHT BESTIMMTE TEXTE IM ZENTRUM DER UNTERSUCHUNG STEHEN:

BEISPIEL

Literatur:

Aichholzer, Nina: Der Einfluss der sozialen Kontexte auf das Rauchverhalten der 14- bis 16-jährigen österreichischen Jugendlichen mit besonderem Augenmerk auf die Mädchen. Diplomarbeit. Universität Wien, 2006.
Anderson, Kellie: Jugendliche und Alkohol, Drogen, Tabak. Kopenhagen: WHO, 1997.
Bergler, Reinhold: Zigarettenrauch im Jugendalter. Bedingungen der Entwicklung gesundheitlichen Fehlverhaltens. Köln: Deutscher Instituts-Verlag, 1992.
Fellner, Sigrun Stefanie: Rauchen – eine qualmende Sinnsuche? Analyse der Rauchgewohnheiten und der Gegebenheiten für einen frühen Rauchbeginn. Dissertation. Universität Klagenfurt, 2010.
Laffert, Götz von: Rauchen, Gesellschaft und Staat. Konsumanomalien, Wohlfahrtseffekte und staatlicher Regulierungsbedarf im Zusammenhang mit dem Zigarettenkonsum. Wiesbaden: Deutscher Universitäts-Verlag, 1998.
Repa, Bernhard/Riedl, Julia: Jugendliche und Rauchen. Eine empirische Untersuchung. Diplomarbeit. Wirtschaftsuniversität Wien, 2005.

Literaturangaben Beispiel 4

DIE LITERATURANGABEN VON SONJA M. FÜR IHR SHAKESPEARE-THEMA (BEISPIEL 4) KÖNNTEN SO AUSSEHEN:

BEISPIEL

Primärliteratur:

Shakespeare, William: A Midsummer Night's Dream. Stuttgart: Reclam, 1989.
Shakespeare, William: Cambridge School Shakespeare. Macbeth. Ed. by Rex Gibson. Cambridge: Cambridge University Press, 1993.
Shakespeare, William: The Complete Works. Ed. by W. J. Craig. London: Oxford University Press, 1924.

Sekundärliteratur:

Gibson, J. Paul S. R.: Shakespeare's Use of the Supernatural, being the Cambridge University Harness Prize Essay 1907. Boston: Elibron Classics, 2007.
Latham, Minor White: The Elizabethan Fairies. The Fairies of Folklore and the Fairies of Shakespeare. New York: Columbia University Press, 1930.
Lucy, Margaret/Jaggard, William: Shakespeare and the Supernatural: A Brief Study of Folklore, Superstition and Witchcraft in Macbeth, A Midsummer Night's Dream and The Tempest. Whitefish: Kessinger Publishing, 2010.
Rogers, L. W.: The Ghost in Shakespeare's Macbeth. Whitefish: Kessinger Publishing, 2005.
Suerbaum, Ulrich: Der Shakespeare-Führer. Stuttgart: Reclam, 2001.

Literaturangaben Beispiel 5

DIE LITERATURANGABEN VON BENJAMIN K. FÜR SEIN DYLAN-THEMA (BEISPIEL 5) KÖNNTEN SO AUSSEHEN:

BEISPIEL

Primärliteratur:

Dylan, Bob: Chronicles. Vol. I. London: Pocket Books, 2005.
Dylan, Bob: Lyrics 1962–2001. Hamburg: Hoffmann & Campe, 2003.

Sekundärliteratur:

Benzinger, Olaf: Bob Dylan. Seine Musik und sein Leben. München: dtv, 2006.
Detering, Heinrich: Bob Dylan. Stuttgart: Reclam, 2007.
Irwin, Colin: Bob Dylan – Highway 61 Revisited. Ein Album schreibt Geschichte. Hamburg: Edel Verlag, 2010.

Literaturangaben Beispiel 6

DIE LITERATURANGABEN VON ELISABETH F. MIT IHREM JÄGERSTÄTTER-THEMA (BEISPIEL 6) KÖNNTEN BEISPIELSWEISE SO AUSSEHEN:

BEISPIEL

Primärliteratur:

Jägerstätter, Franz: Aufzeichnungen 1941–1943. Der gesamte Briefwechsel mit Franziska. Hg. von Erna Putz. Graz: Styria, 2007.
Jägerstätter, Franz: Gefängnisbriefe und Aufzeichnungen. Linz: Edition Kirchenzeitung, 2003.

Sekundärliteratur:

Maislinger, Andreas: Der Fall Jägerstätter. In: Dokumentationsarchiv des Österreichischen Widerstandes (Hg.): Jahrbuch 1991. Wien, 1991, S. 20–32.
Schlager-Weidinger, Thomas: „… und wenn es gleich das Leben kostet“. Franz Jägerstätter und sein Gewissen. Linz: Wagner Verlag, 2010.

Literaturangaben Beispiel 8

DIE LITERATURANGABEN VON CLAUDIA S. ZU IHREM JULI ZEH-THEMA (BEISPIEL 8) KÖNNTEN BEISPIELSWEISE SO AUSSEHEN:

BEISPIEL

Primärliteratur:

Zeh, Juli: Adler und Engel. Roman. Frankfurt am Main: Schöffling & Co., 2001.
Zeh, Juli: Spieltrieb. Roman. Frankfurt am Main: Schöffling & Co., 2004.
Zeh, Juli: Schilf. Roman. Frankfurt am Main: Schöffling & Co., 2007.
Zeh, Juli: Corpus Delicti. Ein Prozess. Roman. Frankfurt am Main: Schöffling & Co., 2009.

Sekundärliteratur:

Alt, Constanze: Zeitdiagnosen im Roman der Gegenwart. Berlin: Trafo, 2009.
Zeh, Juli: Der Unterschied zwischen Realität und Fiktion ist marginal. Werkstattgespräch mit Birte Lipinski u. a. Oldenburg: Fruehwerk-Verlag, 2008.
Mayer, Heike: Rhetorische Kompetenz. Grundlagen und Anwendung. Paderborn et al.: Schöningh, 2007.
Schneider, Jost: Einführung in die Roman-Analyse. 2. Aufl. Darmstadt: WBG, 2006.
Thomas, Katja: Poetik des Zerstörten. Zum Zusammenspiel von Text und Wahrnehmung bei Peter Handke und Juli Zeh. Saarbrücken: VDM Verlag Dr. Müller, 2007.

3.4 Ungefähre Gliederung

Außer Erwartungshorizont und Literaturverzeichnis müssen Sie Ihrem Antrag auch eine ungefähre Gliederung beilegen. Diese kann naturgemäß nur sehr vorläufig sein und wird sich im weiteren Verlauf der Recherche und des Schreibens der Arbeit vermutlich noch ändern.

Gliederung Beispiel 1

FÜR DAS WITTGENSTEIN-THEMA (BEISPIEL 1) WÄRE FOLGENDE GLIEDERUNG MÖGLICH:

BEISPIEL

- Geraffte Darstellung von Wittgensteins Biographie
- Wittgensteins philosophische Positionierung um 1920 (kursorisch)
- Wittgensteins Lehrtätigkeit an Volksschulen
- Unterricht und Unterrichten an österreichischen Volksschulen in den 1920er-Jahren
- Das Ende von Wittgensteins Tätigkeit als Volksschullehrer

Gliederung Beispiel 2

DAS FIBONACCI-THEMA (BEISPIEL 2) KÖNNTE FOLGENDE GROBGLIEDERUNG AUFWEISEN:

BEISPIEL

- Allgemeine Theorie der Folgen
- Die Fibonacci-Folge und ihre Eigenschaften
- Die Fibonacci-Folge und der Goldene Schnitt
- Die Fibonacci-Folge in der Natur, in der Astronomie, Musik usw.

Gliederung Beispiel 3

DAS RAUCHERTHEMA (BEISPIEL 3) KÖNNTE FOLGENDERMASSEN GEGLIEDERT WERDEN:

BEISPIEL

- Darstellung aktueller medizinischer und psychologischer Erkenntnisse zu Ursachen und Folgen des Rauchens
- Medizinisch-psychologische Rahmenbedingungen: Physiologie der Atemorgane, Abhängigkeitsverhältnisse zu Suchtmitteln usw.
- Motive und Folgen von Zigarettenkonsum speziell bei Jugendlichen
- Empirische Untersuchung unter ausgewählten Jugendlichen
- Folgerungen

Gliederung Beispiel 4

DAS SHAKESPEARE-THEMA (BEISPIEL 4) KÖNNTE FOLGENDE GLIEDERUNG AUFWEISEN:

BEISPIEL

- Einführung in magisch-mythische Weltvorstellungen der elisabethanischen Epoche
- Feen im „Mittsommernachtstraum"
- Geister und Hexen in „Macbeth"
- Schlussfolgerungen

Gliederung Beispiel 5

DAS BOB DYLAN-THEMA (BEISPIEL 5) KÖNNTE FOLGENDE GLIEDERUNG AUFWEISEN:

BEISPIEL

- Biographischer Abriss
- Vielfalt und Wandel in den künstlerischen Schaffens- und Ausdrucksformen Dylans
- Ausgewählte Werkanalyse
- Rezeptionsweisen
- Dylan und Dylan-Rezeption heute

Gliederung Beispiel 6

FÜR DAS JÄGERSTÄTTER-THEMA (BEISPIEL 6) IST Z. B. FOLGENDE GLIEDERUNG VORSTELLBAR:

BEISPIEL

- Biographische Aspekte: Geraffte Darstellung von Jägerstätters Lebensweg
- Jägerstätters Kriegsdienstverweigerung, Prozess und Hinrichtung sowie Wirkung auf „Nachwelt" und „Nachleben"
- Jägerstätters Kriegsdienstverweigerung im Lichte seiner eigenen Schriften (Briefe, Notizhefte)

Gliederung Beispiel 8

IM FALL DES JULI ZEH-THEMAS (BEISPIEL 8) KÖNNTE DIE GLIEDERUNG ETWA SO AUSSEHEN:

BEISPIEL

- Allgemeiner, geraffter (= lexikalischer) Überblick zum schriftstellerischen Schaffen und zur Person der Autorin
- Kurze Inhaltsübersichten zu den untersuchten Romanen
- Textanalyse: Elaborierung der zentralen Themen und Motive
- Erörterung ihrer sprachlicher Umsetzung
- Angaben zu möglichen Kontexten
- Darstellung übergreifender thematischer, motivlicher und stilistischer „Strukturen" – oder eben ihres Nichtvorhandenseins

---

Sie haben nun alle Voraussetzungen für die Einreichung erarbeitet.
Der erste wichtige Schritt ist getan!

FASSEN SIE IHREN ANTRAG IN FOLGENDEM FORMULAR ZUSAMMEN:

Schule: ______________________________

Schüler/in: ______________________ Klasse: ________ Schuljahr: ________

Fachprüfer/in: ______________________________

Thema der Arbeit:

Erwartungshorizont:

Literaturangaben:

Ungefähre Gliederung:

Dieses Formular steht auch zum Download bereit: dj5528 www.oebv.at

4 Formaler Aufbau und Formatierung

In diesem Kapitel erfahren Sie alles über den korrekten Aufbau einer VWA sowie deren Layout und Formatierung.

4.1 Wozu formale Kriterien?

Sowohl die inhaltliche als auch die formale Gestaltung einer VWA unterliegt sehr strengen Regeln. Das entspricht auch dem Konzept, dass Vorwissenschaftliche Arbeiten einem beinahe wissenschaftlichen Anspruch genügen sollen.

Die Ergebnisse wissenschaftlichen Arbeitens sind ganz allgemein in einer Form zu dokumentieren, die es erlaubt, von anderen nachgeprüft und nachvollzogen zu werden.

Abb. 8: Das Hubble-Weltraumteleskop als Symbol für ein Instrument wissenschaftlichen Fortschritts

Ein mittelalterlicher Gelehrter hat es mit Blick auf die Autoren der antiken Welt einmal so formuliert (Übers. d. Verf.): „Bernhard von Chartres sagte, wir seien gleichsam Zwerge, die auf den Schultern von Riesen sitzen, damit wir mehr und weiter sehen können als diese ..." (Ioannis Saresberiensis, Metalogicon, 3, 4, 46 ff.)

Anders ist kein wissenschaftlicher Erkenntnisfortschritt möglich. Erkenntnisse werden nur weiterentwickelt, wenn sie von anderen aufgegriffen, verändert, modifiziert oder eben auch verworfen werden können.

Forschungs- und Methoden-dokumentation

Voraussetzung ist allerdings, dass Forschungsergebnisse klar und nachvollziehbar dokumentiert werden, ebenso wie der Weg, der zu ihnen geführt hat. Ohne diesen Weg, die Methode zu kennen, fängt man mit Ergebnissen jedweder Art nicht viel an. Denken Sie nur an Meinungsumfragen. Es mag ja recht eindrucksvoll wirken, wenn in einer Zeitung Grafiken mit farbigen Balken abgebildet sind, aus denen hervorgeht, dass 50 % „der Befragten" dieses und 41 % jenes wollen. Wenn Ihnen der dazugehörige Zeitungsartikel nicht erklärt, wer „die Befragten" waren und auf welche Weise sie befragt wurden, sind die hübschen Balken nicht viel wert. Im Grunde stellen sie nicht viel mehr dar als Meinungsmache, die keine seriösen Informationen enthält. Nur wenn Sie wissen, aufgrund welcher Kriterien welche Personen(gruppen) befragt und wie die Interviews geführt wurden, können Sie aus den veröffentlichten Prozentzahlen relevante Schlüsse ziehen. Erst dann sind derlei Informationen für eine Verwendung geeignet, die als „wissenschaftlich" bezeichnet werden kann.

Ja-Nein-Fragen, offene Interviews, strukturierte Interviews usw.
vgl. Kapitel 6

Deshalb ist es auch so wichtig, Forschungsmethoden und Ergebnisse möglichst offen und nachvollziehbar (transparent) zu dokumentieren. Transparenz kann naturgemäß nicht für jedes Publikum hergestellt werden, weil jede Forschung auf bestimmten Voraussetzungen (Prämissen, anerkannter Methodologie) aufbaut.

Unter „Methodologie" wird die Gesamtheit theoretischer Überlegungen verstanden, aus denen konkrete Forschungsmethoden hergeleitet werden.

Diese Voraussetzungen können von Fach zu Fach verschieden sein. Es ist unmöglich, sie in jeder einzelnen Forschungsdokumentation so zu erläutern und darzustellen, dass sich auch wirklich alle auskennen. Innerhalb der betroffenen Forschungsgemeinschaft („scientific community") müssen die jeweiligen Forschungsdokumentationen allerdings verstanden werden können, zumindest in prinzipieller Hinsicht.

Auch Ihre VWA stellt eine Art Forschungsdokumentation dar. In diesem Rahmen können aber weder Sie noch Ihre Betreuerin bzw. Ihr Betreuer oder die Reifeprüfungskommission allzu viel voraussetzen. Transparent sollte Ihre Darstellung allerdings sein, und zwar für alle fachlich kompetenten Leserinnen und Leser. Diesem und keinem anderen Zweck dienen die formalen Anforderungen, mit denen wir uns im Folgenden gemeinsam beschäftigen.

4.2 Der Aufbau

Die Besprechungen mit Ihrer Betreuerin bzw. Ihrem Betreuer sollten Ihnen bereits Hinweise auf den formalen Aufbau Ihrer Arbeit gegeben haben. Obwohl jedes Fach über eigene Regeln verfügt, gibt es einige Grundregeln, die für jede VWA gelten.

Vorwissenschaftliche Arbeiten sind jedenfalls folgendermaßen aufzubauen:

- Titelblatt
- Abstract in der Sprache der Arbeit (oder in Englisch)
- Vorwort (optional)
- Inhaltsverzeichnis
- Textteil: Einleitung – Hauptteil – Schluss (Fazit)
- Literaturverzeichnis
- Abbildungsverzeichnis (optional)
- Abkürzungsverzeichnis (optional)
- Glossar (optional)
- Anhang (optional)
- Begleitprotokoll und Aufzeichnungen der Lehrkraft
- Eidesstattliche Erklärung

Abb. 9: Struktur einer VWA

Das **Titelblatt** beinhaltet den Namen der Schule (evtl. Logo), das Prüfungsfach, dem das Thema der VWA zugerechnet werden kann, weiters das Thema der Arbeit, Ihren Namen, die Klasse und das Schuljahr. Auf der nächsten Seite finden Sie ein Beispiel dafür.

BG Muster
Mustergasse 7
1130 Wien

VORWISSENSCHAFTLICHE ARBEIT

Titel der Vorwissenschaftlichen Arbeit:

"Lord, what fools these mortals be!"
Fairies, ghosts and witches
in selected Shakespeare plays

Verfasserin:

Sonja M.

Wien, im Februar 2013

Klasse: 8A

Schuljahr: 2013/14

Betreuer: Prof. Mag. Max Muster

FÜR DAS LAYOUT DES TITELBLATTES EMPFEHLEN WIR:

BEISPIEL

Name der Schule (evtl. mit Logo)	Schriftart 12 pt
Vorwissenschaftliche Arbeit	Schriftart fett 24 pt
Überschrift „Titel der Vorwissenschaftlichen Arbeit:"	Schriftart 12 pt
Titel	Schriftart 18 pt
Überschrift „Verfasserin/Verfasser:"	Schriftart 12 pt
Name (Vorname, Familienname)	Schriftart 18 pt
Ort und Datum der Einreichung	Schriftart 10 pt
Prüfungsgebiet	Schriftart 10 pt
Klasse	Schriftart 10 pt
Schuljahr	Schriftart 10 pt
Betreuerin/Betreuer	Schriftart 10 pt

Ein Titelblatt mit Fotos oder vielen bunten Bildern ist bei wissenschaftlichen Arbeiten nicht üblich. Es geht beim Titelblatt um eine inhaltliche Einordnung der Arbeit. Bilder und Darstellungen können Sie in deren weiterem Verlauf als Belege für Ihre Theorien oder zur Illustration Ihrer Darstellungen verwenden. Auch sollte das Titelblatt ganz nüchtern und sachlich in schwarzer Farbe gehalten sein. Wenn Sie ein buntes Schullogo originalgetreu abbilden wollen, hat sicher niemand etwas dagegen. Ansonsten verzichten Sie beim Titelblatt lieber auf Farben!

ÜBUNG

ERSTELLEN SIE NUN DAS TITELBLATT IHRER ARBEIT!

Abstract

Wie der Name schon sagt, ist ein **Abstract** eine Zusammenfassung oder ein Abriss einer wissenschaftlichen Abhandlung. Diese Zusammenfassung ist sehr kurz. Sie enthält geraffte und aussagekräftige Angaben zu Thema, Fragestellung, Methoden, wichtigsten Themen und Schlussfolgerungen Ihrer VWA. Das Abstract sollte nicht mehr als 150 Wörter umfassen. Es kann auf Englisch oder in der Sprache verfasst sein, in der Sie auch Ihre VWA geschrieben haben.

TIPP *Die VWA kann in der Unterrichtssprache oder in einer lebenden Fremdsprache geschrieben werden. Sollten Sie sich für eine Sprache entscheiden, die in Ihrem Fall eine Fremdsprache ist, beachten Sie bitte: Sie müssen in der Lage sein, auch komplexe Sachverhalte in dieser Sprache auszudrücken. Mangelnde Sprachkenntnisse sind hinterher keine Begründung für schwache Argumentation!*

Verfassen Sie das Abstract erst, wenn Sie den gesamten Text der VWA fertig haben. Erst dann wird es Ihnen möglich sein, eine sinnvolle geraffte Darstellung Ihrer Arbeit zu geben. Das Abstract dient als Kurzbeschreibung Ihrer Arbeit. Eine Person, die Ihre Arbeit nicht kennt, wird sich möglicherweise auf Grund des Abstracts entscheiden, ob sie diese lesenswert findet oder nicht.

EIN GELUNGENES ABSTRACT ZUM THEMA „KÄRNTNER ORTSTAFELSTREIT" KÖNNTE ETWA SO AUSSEHEN:

BEISPIEL 1

„Schon lange spielt der Kärntner Ortstafelkonflikt eine Rolle in der Politik sowie in den Medien. Diese Arbeit hat das Ziel, das Thema aus politischer und rechtlicher Perspektive zu beleuchten. Im ersten Teil findet sich ein kurzer historischer Abriss zu den Beziehungen der beiden beteiligten Volksgruppen in Kärnten. Weiters werden der gesetzliche Volksgruppenschutz in Österreich sowie die völkerrechtlichen Bestimmungen über nationale Minderheiten, die auch Teil des österreichischen Verfassungsrechts sind, beleuchtet. Der zweite Teil versucht, das Erkenntnis des Verfassungsgerichtshofs von 2001 und politische Reaktionen darauf zu analysieren. Am Ende der Arbeit steht die Frage, inwieweit die Entscheidung des Höchstgerichts umgesetzt worden ist – und auf welche Weise."

ABSTRACT ZUM THEMA „BOB DYLAN":

BEISPIEL 2

Deutsch:
Um zu verstehen, was gerade Bob Dylan zu so einem einzigartigen Musiker der Folk- und Rockgeschichte macht, wird in dieser Arbeit in erster Linie das Leben dieses Ausnahmetalents beleuchtet. Weiters wird ein besonderes Augenmerk auf seine musikalische Entwicklung gelegt. Dies erfolgt vor allem durch Betrachtung seiner wichtigsten Alben mit den dazugehörenden Hintergrundgeschehnissen. Zudem wird, um Dylans Musikstil besser begreifen zu können, eine musikalische aber auch textliche Analyse seines berühmten Songs „Like A Rolling Stone" durchgeführt.

Englisch:
The main objective of this work is to show why exactly Bob Dylan has become a unique and extraordinary musician of the Folk and Rock history. Therefore, the work at hand focuses on the life of this exceptional talent. Another important point in this work is the musical development of Dylan, especially in view of his most important albums with associated background events. In addition to that one main chapter highlights the musical and textual analysis of the famous Dylan-Song "Like A Rolling Stone" to show the characteristics of his music.

Vorwort

Im **Vorwort** können Sie Ihre persönliche Herangehensweise an Ihr Thema ansprechen (was hat Sie daran interessiert, haben Sie von der Beschäftigung damit profitiert, wenn ja, in welcher Weise? usw.). Außerdem können Sie Personen danken, die Sie bei Ihrer Arbeit unterstützt haben. Dabei ist z. B. an Interviewpartner oder Expertinnen und Experten zu denken, von denen hilfreiche Hinweise gekommen sind. Häufig findet man in Abschlussarbeiten auch Danksagungen an Lehrpersonen, Eltern sowie Freundinnen und Freunde, die die Verfasserin bzw. den Verfasser zu einem Thema ermuntert oder bei der Ausarbeitung desselben unterstützt haben. Solche Danksagungen sind Geschmacksache. Entscheiden Sie selbst, was Ihnen erwähnenswert scheint.

TIPP

Versuchen Sie, nicht allzu persönlich zu werden, das kann in einer VWA auch befremdlich wirken. Vermeiden Sie vor allem allzu offensichtliche Bemühungen, sich bei Ihrer Betreuerin bzw. Ihrem Betreuer einzuschmeicheln. Das wirkt oft peinlich und kann das Gegenteil des Erhofften bewirken.

Vgl. Abschnitt 5.4

Zur Erstellung von **Gliederung** und **Inhaltsverzeichnis** vergleichen Sie bitte Abschnitt 5.4.

Textteil

Der **Textteil** bildet den Kern Ihrer Arbeit. Viele Korrektorinnen bzw. Korrektoren lesen die Arbeit eher selektiv. Da die Reifeprüfungskommission zum Haupttermin viele VWAs vorgelegt bekommt, ist es schwer, sich alle detailliert durchzulesen. Mit dem Abstract können Sie Interesse wecken. Mit Einleitung und Schluss streichen Sie insbesondere die Meilensteine Ihrer Arbeit hervor.

!

Unter einem „Meilenstein" wird im allgemeinen Sprachgebrauch ein wichtiger Punkt innerhalb einer bestimmten Entwicklung verstanden.

Die Korrektorin bzw. der Korrektor wird in der Regel mit der Einleitung beginnen, sich ein Bild von der Arbeit und den Methoden machen und dann den Schluss lesen, um herauszufinden, wie die Forschungsfragen beantwortet wurden. Aus diesem Grund dürfen Einleitung und Schluss keinesfalls oberflächlich bearbeitet werden.

Einleitung

Ein Beispiel für eine Einleitung finden Sie in Abschnitt 5.3

Die **Einleitung** darf nicht mehr als 15 % des Umfangs Ihrer Arbeit beanspruchen. Sie

!

- erklärt Inhalt und Aufbau,
- stellt das Thema kurz vor,
- beschreibt die Ausgangslage und die Problemstellung,
- weist eventuell eine Forschungslücke aus,
- enthält die Forschungsfragen,
- grenzt das Thema ein,
- erläutert die Arbeitsschritte und
- leitet zum Hauptteil über.

Hauptteil

Der **Hauptteil** der Arbeit

- beginnt mit einer Einführung und Begriffsdefinitionen,
- skizziert den Forschungsstand,
- befasst sich mit Theorien und Beweisen,
- stellt verschiedene wissenschaftliche Sichtweisen dar,
- beschreibt die angewendeten Methoden,
- sucht Lösungsvorschläge und entwickelt Konzepte,
- vergleicht die eigenen Ergebnisse mit Ergebnissen anderer Forschungen und
- leitet zum Schluss über.

Der Hauptteil wird Sie über viele Monate begleiten. Haben Sie keine Angst, einmal eine kreative Pause einzulegen. Das ist bei einer solchen Arbeit ganz normal. Vergessen Sie aber nicht, dass Pausen wichtige, jedoch zeitlich begrenzte Phasen in einem Arbeitsprozess sind. Setzen Sie diesen also nach einigen Tagen wieder fort. Versuchen Sie die Arbeit möglichst aus einem Guss zu fertigen, damit eine erkennbar einheitliche Struktur entsteht und auch erhalten bleibt.

Schluss

Der **Schluss** Ihrer Arbeit stellt eine Zusammenfassung Ihrer Forschungen dar. Er

- beantwortet die eigenen Forschungsfragen,
- reflektiert und analysiert die eigenen Ergebnisse,
- zeigt neue oder offen gebliebene Forschungsfragen,
- gibt Empfehlungen ab und
- zieht Schlüsse aus der Arbeit.

Der Schluss ist ein eigener Teil der Arbeit, der wie schon die Einleitung keinesfalls mehr als 15 % des Gesamtumfangs ausmachen sollte. Ihre Ausführungen haben Sie im Hauptteil zu Ende gebracht, nun gilt es, diese noch einmal rückblickend zu reflektieren. Gefühle und Danksagungen haben Sie bereits in das Vorwort eingearbeitet, der Schluss ist genauso wie der Hauptteil und die Einleitung ein inhaltlich definierter Teil der Vorwissenschaftlichen Arbeit. Aus diesem Grund bleibt auch er einer sachlichen Auseinandersetzung mit dem Thema verpflichtet.

HIER EIN BEISPIEL FÜR EINEN SCHLUSS AUS DER ARBEIT „FAIRIES, GHOSTS AND WITCHES IN SELECTED SHAKESPEARE PLAYS“:

BEISPIEL

4. Conclusion

There is no doubt that the connection between Shakespearean superstition and folklore of the Elizabethan era as well as his influence on later beliefs is immense.

As Shakespeare grew up in a very religious small country town, he naturally had a superstitious mind; therefore, in general, it can be said that the images of Elizabethan society, as shown in the playwright's many works, are basically derived from popular beliefs. The poet merely altered them in order to match them specifically to his own views.

Among the characters discussed in this thesis, Puck is the most significant. He displays Shakespeare's precise concept best, as this one figure comprises all of the playwright's ideas. The most obvious alteration to the fairy race is the removal of the dangerous aspects often associated with fairies; instead, Shakespeare instils them with a certain sense of morality, dignity and grace.

In contrast to this, the depiction of the witches is hardly modified from Elizabethan beliefs. In *Macbeth* they are still portrayed as ugly hags, who act as a catalyst concerning Macbeth's actions within the plot.

BEISPIEL

I was surprised to discover that in pre-Shakespearean times, fairies were believed to be the same size as a human and I was also struck by the fact that Shakespeare bases almost all characteristics of Puck's characteristics on just one folk spirit, namely Robin Goodfellow. Furthermore, it was interesting to learn that Shakespeare was greatly inspired by Raphael Holinshed's Chronicles of England, Scotland and Ireland for his tragedy *Macbeth* and derived a lot of the characters from this book, as for example the historical Banquo.

By delving further into Shakespeare's *A Midsummer Night's Dream* and *Macbeth*, I have discovered many interesting facts of which I was not aware before, for example the fact that Titania, though being a Shakespearean fairy, is not as small as the elves.

My comprehension of the plays is much clearer now and I feel that I have a better understanding of Shakespeare's language and of the thoughts behind his creations. While working on the thesis, I discovered connections I had never heard or thought of before.

Most amazing of all is that, even though I have researched thoroughly, there remain unsolved mysteries.

While participating in the European Shakespeare Days in Murau, I thought I had grasped the concept of *A Midsummer Night's Dream*, however, while working on the thesis, I discovered I had misinterpreted some of the connections between characters and also some significant links in various scenes, as, for instance, the significance of the changeling regarding the fight of Titania and Oberon.

Previously I was under the impression that it was only Shakespeare's ideas and thoughts that could be seen in his works, as opposed to those of Elizabethan beliefs and superstition. Looking back at many months of work I now realise that I was unaware of how deeply Shakespeare investigated and researched history, legends and myths.

"I am amazed and know not what to say,"[162] at how detailed his concepts were, which means that every aspect of the play, however small it may be, has an impact on the storyline. The title "Lord, what fools these mortals be!"[163] is an apt one, as many people, myself included, remain unaware of the extensive research that Shakespeare put into his works.

---

162 Shakespeare, William: The Complete Works. Ed. by W. J. Craig. London: Oxford University Press, 1924, S. 183.

163 Ibid., S. 181.

Vgl. Kapitel 7 und 8

Literaturverzeichnis, Abbildungsverzeichnis, Glossar und Anhang werden in Kapitel 7 und 8 genauer behandelt.

Vgl. Abschnitt 5.5

Welche Anforderungen an ein Begleitprotokoll zu stellen sind und wie so etwas aussehen kann, finden Sie in Abschnitt 5.5 ausführlich dargestellt.

4.3 Layout und Formatierung

TIPP *Fragen Sie Ihre Betreuerin bzw. Ihren Betreuer nach Formatierungs- und Zitierregeln!*

Prinzipiell sollten Sie gut lesbare Schriftarten verwenden. Ein Wechsel der Schriftart innerhalb eines Textes ist nicht üblich. Setzen Sie Fett- und Kursivdruck im Text möglichst sparsam ein und nur dann, wenn etwas ausnahmsweise besonders hervorzuheben ist. Im Großen und Ganzen ist es besser, Unterstreichungen, Fett- und Kursivdruck zu unterlassen.

Die folgenden Ausführungen sind Empfehlungen, die sich in der Praxis des wissenschaftlichen Arbeitens durchgesetzt haben. Sie können Ihnen die Arbeit erleichtern.

MUSTER FÜR LAYOUT UND FORMATIERUNG:

BEISPIEL

Umfang der Arbeit:	40.000 bis 60.000 Zeichen (inklusive Leerzeichen und Abstract, ohne Literaturverzeichnis, Abbildungsverzeichnis und Anhang)
Zulässige Schriftarten:	z. B. Times New Roman, Arial
Schriftgröße:	12 pt
Zeilenabstand:	1,5
Langzitat:	Zeilenabstand 1,0, kursiv, 10 pt, 1 cm beidseitig eingerückt
Fußnoten:	10 pt
Ausrichtung:	Blocksatz, Silbentrennung
Ränder: linker Rand:	3,0 cm
rechter Rand:	3,0 cm
oberer Rand:	3,0 cm
unterer Rand:	2,5 cm
Abstand des Seitenrands zur Kopfzeile:	1,5 cm
Abstand des Seitenrands zur Fußzeile:	1,5 cm
Überschriften: Ebene 1:	fett, zentriert, 20 pt (evtl. Großbuchstaben)
Ebene 2:	fett, zentriert, 18 pt
Ebene 3:	fett, zentriert, 16 pt
Ebene 4:	fett, zentriert, 14 pt

TIPP *Ob Sie es nun so handhaben wollen wie in diesen Empfehlungen vorgeschlagen – ganz wichtig ist, das Layout einheitlich zu gestalten!*

4.4 Die eidesstattliche Erklärung

Im Rahmen jeder wissenschaftlichen Arbeit ist es üblich, eine eidesstattliche Erklärung abzugeben. Diese Erklärung hat einen festgelegten Wortlaut, den Sie von Ihrer Betreuerin bzw. Ihrem Betreuer erfahren. Zumeist orientiert sich die Erklärung am folgenden Muster.

BEISPIEL FÜR EINE EIDESSTATTLICHE ERKLÄRUNG:

BEISPIEL

Ich versichere, dass ich diese Vorwissenschaftliche Arbeit selbstständig angefertigt, keine anderen als die angegebenen Hilfsmittel benutzt und alle aus ungedruckten Quellen, gedruckter Literatur oder aus dem Internet im Wortlaut oder im wesentlichen Inhalt übernommenen Formulierungen und Konzepte gemäß den Richtlinien wissenschaftlicher Arbeiten zitiert, durch Fußnoten gekennzeichnet bzw. mit genauer Quellenangabe kenntlich gemacht habe.

Ort, Datum   Unterschrift

Diese Erklärung ist keine reine Formsache. Sie erklären damit, dass Sie korrekt wissenschaftlich gearbeitet und nicht nur einfach abgeschrieben haben (Plagiat). Texte anderer eins zu eins übernehmen dürfen Sie nur, wenn Sie diese korrekt zitieren und das Zitat auch als solches ausweisen. Ein Verstoß hat rechtliche Folgen und kann bis zur Aberkennung der Leistung führen.

Sie wissen nun, wie Sie Ihre Arbeit strukturieren, zumindest in formaler Hinsicht. Sie verfügen über ein stabiles Gerüst, das Ihnen die Arbeit erleichtert. Kommen Sie also direkt zur Sache!

---

5 Mit der Arbeit beginnen

Dieses Kapitel soll Ihnen helfen, Ihre Arbeit erfolgreich zu starten. Einleitung und Gliederung sollten Ihnen nach Lektüre dieses Kapitels leicht von der Hand gehen!

5.1 Vergeuden Sie keine Zeit!

Auch wenn Sie schon Erfahrungen mit längeren Texten, z. B. Projektarbeiten, gemacht haben – eine VWA ist doch etwas ganz anderes, jedenfalls für die meisten von Ihnen. Zum ersten Mal arbeiten Sie selbstständig an einem bestimmten Thema, und das über mehrere Monate hinweg. Vielleicht hört sich das nach einer Menge Zeit an, aber dieser Schein wäre trügerisch. Wie Sie schon in Kapitel 1 gesehen haben, ist Ihr Zeitbudget sehr begrenzt. Während der paar Monate, in denen Sie Ihre VWA schreiben, müssen Sie auch Ihren sonstigen Schulalltag inklusive Maturavorbereitung bewältigen.

Vgl. Abschnitt 1.2

Je länger Sie es aufschieben, mit Ihrer Arbeit zu beginnen, desto weniger Zeit haben Sie am Ende für Korrekturarbeiten (Ausbesserung von Rechtschreibfehlern, Änderung von Formulierungen, Verbesserungen am Layout usw.). Im schlimmsten Fall können Sie die VWA nicht einmal termingerecht abliefern. Dann haben Sie ein echtes Problem.

Fangen Sie also mit dem Schreiben so bald als möglich an. Sie haben eine Menge Recherche- und Schreibarbeit vor sich.

5.2 Das Problem der leeren Seite

Anfang

Fast alle, die schreiben, haben ihn schon irgendwann einmal erlebt: den Schrecken der leeren Seite. Da sitzt man dann vor einem weißen Blatt, vielleicht sind auch ein paar vorgedruckte Linien darauf, oder vor dem geöffneten Fenster eines Textverarbeitungsprogramms, und nichts fällt einem ein. Fast schon erwartungsvoll leuchtet einem das leere Feld entgegen, aber füllen will es sich einfach nicht. Langsam stellt sich Panik ein. Was tun?

Zunächst einmal: Hören Sie auf, die leere Seite anzustarren. Von alleine füllt sie sich ohnedies nicht. Der Text muss von Ihnen kommen. Panik hilft dabei nicht weiter, ganz im Gegenteil, sie lähmt nur. Wenn Sie bis zur siebten Klasse gekommen sind, werden Sie in der Vergangenheit ja bereits Ideen gehabt haben, wie Sie einen Text anlegen. Lassen Sie sich nicht dadurch verunsichern, dass das, was Sie gerade schreiben wollen oder sollen, um vieles länger ist als alles, was Sie bisher geschrieben haben. Um einen Einstieg zu finden, kommt es nicht darauf an, wie umfangreich ein Text insgesamt werden soll! Haben Sie erst einmal einen Anfang gefunden, geht Ihnen der Rest vermutlich schon sehr viel leichter von der Hand. Sie werden sehen!

TIPP *Damit Sie einen Anfang machen können, ist es oft hilfreich zu wissen, wie Sie selber so „ticken". Versuchen Sie festzustellen, unter welchen Rahmenbedingungen Ihnen das Schreiben am leichtesten fällt. Arbeiten Sie besser vormittags, nachmittags oder abends? Hilft es Ihnen, wenn Sie alleine in aller Ruhe arbeiten können oder ist es für Sie angenehmer, wenn Sie Ihre Ideen mit jemand anderem besprechen können, ehe Sie sie zu Papier bringen? Falls Sie sich mit Teamwork leichter tun, wäre vielleicht eine Gruppenarbeit zu empfehlen. Aber auch dabei müssen Sie einen erkennbaren selbstständigen Beitrag produzieren.*

Gruppenarbeit

Klar, es gibt auch viele Menschen, die sich gar nicht wohl fühlen, wenn sie etwas schreiben sollen. Sofern Sie das Gefühl haben, sich beim Schreiben insgesamt schwer zu tun, ist es vielleicht gut, für Ihre VWA ein Thema zu wählen, bei dem es in erster Linie darauf ankommt, in möglichst nüchternem Stil Ergebnisse empirischer Forschung wiederzugeben.

Empirie oder Erfahrungswissen

Sicher, auch in diesem Fall müssen Sie Sätze formulieren, aber Sie können sich sehr stark von Ihren Beobachtungen leiten lassen. Auch können Sie unter Umständen mit Grafiken und Diagrammen arbeiten, um z.B. die Ergebnisse von Umfragen oder naturwissenschaftlichen Experimenten zu veranschaulichen. Völlig erspart bleibt es Ihnen auch dann nicht, Ihre Untersuchungsziele, -methoden und Thesen zu verschriftlichen, denn Sie müssen ja erklären, warum Sie beispielsweise drei Bienenkolonien beobachtet, welche Erkenntnisse Sie sich davon versprochen und welche Sie am Ende gewonnen haben. Aber sprachliche Kreativität ist dabei vielleicht nicht in gleich hohem Maße gefordert wie etwa bei einer Literaturarbeit oder einer philosophischen Abhandlung.

Gruppenarbeit

Im Rahmen einer Gruppenarbeit können derlei Schwächen vielleicht arbeitsteilig ausgeglichen werden, indem eine Person Versuche abwickelt und eine andere die Forschungsergebnisse sprachlich darstellt. Ein solches Vorgehen ist möglich, solange die eigenständigen Anteile der Beteiligten an der VWA erkennbar bleiben.

Vor allem sollten Sie in keinem Fall plan- und ziellos ins Blaue hineinarbeiten! Sie benötigen also einen brauchbaren Anfang, von dem aus Sie halbwegs zielführend weiterarbeiten können. Schieben Sie diesen Anfang nicht hinaus! Das bringt Ihnen nichts. Oft ist die Furcht vor etwas Neuem, Unbekanntem für sich selber genommen größer als es dem Anlass angemessen wäre. Manchmal ist einem auch die eigene Trägheit im Wege. Da hilft es gelegentlich, sich selber auszutricksen.

TIPP

Hier ein paar Tipps :

- *Planen Sie für sich selbst ein „Beginnfest". Tragen Sie sich einen Starttermin in den Kalender ein und schreiben Sie das Titelblatt Ihrer Arbeit. Danach gönnen Sie sich eine Belohnung (kaufen Sie sich eine CD, eine DVD, ein Buch, gehen Sie ins Kino usw.).*
- *Verfassen Sie das Inhaltsverzeichnis Ihrer Arbeit, drucken Sie es aus und deponieren Sie es gut sichtbar an Ihrem Arbeitsplatz, so dass Sie immer an den Inhalt Ihrer Arbeit erinnert werden. Am besten, Sie pinnen es über Ihrem Schreibtisch an die Wand.*
- *Entwerfen Sie einen (realistischen) Zeitplan für Ihre Arbeit und beginnen Sie gleich mit der Titelseite.*
- *Verfassen Sie die Einleitung, basierend auf Ihrer Forschungsfrage. Später werden Sie diese sicher noch überarbeiten, aber für den Moment ist ein erster, ganz konkreter Schritt gesetzt!*

SCHLIESSEN SIE EINEN VERTRAG MIT SICH SELBST AB, DEN SIE ZUVERLÄSSIG EINHALTEN!

ÜBUNG

Ich beginne mit meiner Arbeit zum Thema ______________________________

____

____

am ______________ um ______________ Uhr.

An diesem Tag werde ich mit

______________________________ beginnen.

Meine Belohnung:

____

____

____

____

5.3 Die Einleitung

Auch wenn Sie an der Qualität Ihres Einleitungstextes zweifeln, lassen Sie ihn trotzdem als ersten Entwurf stehen. Wichtig ist, dass Sie mit Ihrer Arbeit begonnen und die erste Schwellenangst überwunden haben. Ändern ist immer leichter als neu erfinden!

Die Einleitung darf keinesfalls mehr als 15 % der Arbeit ausmachen. Konzentrieren Sie sich daher auf das Wesentliche! Die Einleitung ist ein Teil Ihrer VWA, den Sie unbedingt noch einmal überarbeiten sollten, wenn Sie den fertigen Hauptteil und den Schluss vor Augen haben.

Vgl. Abschnitt 4.2

Denken Sie daran, dass die Einleitung höchstwahrscheinlich von jedem genau gelesen wird, der einen Beitrag zur Beurteilung Ihrer VWA leisten muss. Beim Hauptteil ist das nicht so sicher. Nach der Lektüre Ihrer Einleitung muss möglichst deutlich erkennbar sein, worum es in Ihrer VWA geht und wie Sie sich Ihrem Thema genähert haben. Alles andere, insbesondere langatmige Ausführungen zu „Nebenschauplätzen", ist unbedingt zu vermeiden!

BEISPIEL FÜR EINE EINLEITUNG ZUM THEMA „LUDO MORITZ HARTMANN UND DIE ENTSTEHUNG DER VOLKSHOCHSCHULEN IN ÖSTERREICH":

BEISPIEL

Die Volkshochschulen gelten bis heute als Orte der Fort- und Weiterbildung für viele Erwachsene. Entstanden sind sie um 1900, und damals waren weder ihr Name noch ihre Organisationsformen und Zielsetzungen unumstritten.

Abb. 10: Ludo Moritz Hartmann (1865–1924), Historiker

Der vorliegende Text soll sich mit der Person des Historikers Ludo Moritz Hartmann befassen, der als Pionier des Volkshochschulwesens gilt und an der Etablierung der Volkshochschule beteiligt war. Ludo Moritz Hartmann versuchte, breiten Bevölkerungsschichten Erkenntnisse universitärer Forschung zu vermitteln. Die Frage nach dem Wirken Hartmanns hat auch eine politische Dimension, da er als Sozialdemokrat in der späten Habsburgermonarchie eine ganz bestimmte politische Haltung ein- und Schwierigkeiten in Kauf genommen hat. Dieser Fokus ist für die Deutung seines bildungspolitischen Engagements zweifellos wichtig. Gleichwohl sollte Hartmanns Wirken als „Volksbildner" nicht darauf reduziert werden. Insofern scheint es auch zulässig, Hartmann als Bildungspolitiker zu sehen, der gewissermaßen über den „politischen Lagern" stand. Für die Beurteilung der Person Hartmanns und dessen Bedeutung für das Volkshochschulwesen ist es dennoch wichtig, seine politischen Perspektiven nicht ganz aus dem Blick zu verlieren.

Die vorliegende Arbeit versucht vor allem zu klären, welche Rolle Hartmann bei der Gründung der Volkshochschulen spielte, auf welche Art und Weise er an Volkshochschulen wirkte, welche Inhalte er vermittelte, welche Bedeutung er für die Wissenschaft hatte – und nicht zuletzt, ob seine Arbeit nachhaltig war. Auf diese Weise lässt sich die Bedeutung Hartmanns für die Entstehung der ersten Volkshochschulen ausgewogen einschätzen.

Die Arbeit wird sich hauptsächlich auf Literaturrecherche gründen, zugleich aber auch auf einige Publikationen und Vorträge Hartmanns zurückgreifen, die teils publiziert, teils im Volkshochschularchiv zu finden sind.

VERSUCHEN SIE NUN, EINEN ERSTEN EINLEITUNGSENTWURF FÜR IHRE ARBEIT ZU SCHREIBEN!

ÜBUNG

5.4 Die Gliederung

Vgl. Abschnitt 2.4

Die Forschungsfrage zeigt Ihnen das Thema, das Sie bearbeiten wollen. Im Erwartungshorizont haben Sie Ihre eigenen Beurteilungskriterien formuliert und eingegrenzt. Die Gliederung muss den künftigen Ablauf Ihrer Arbeit erkennen lassen. Eine erste ungefähre Gliederung haben Sie ja bereits. Verfeinern Sie diese Gliederung nun. Das verschafft Ihnen das beruhigende Gefühl, nur noch in eine vorhandene Struktur hineinarbeiten zu müssen. Natürlich werden sich Details dieser Struktur immer wieder ändern, ehe Sie die VWA abschließen. Je durchdachter Sie Ihre Gliederung aber in dieser frühen Phase des Schreibens gestalten, desto weniger Konzeptarbeit müssen Sie später nachholen oder ergänzen.

Die Art, wie Sie die Gliederung anlegen, richtet sich nach Ihrer Forschungsfrage und den verwendeten Forschungsmethoden. Jede Gliederung muss allerdings in sich schlüssig sein und einem Handlungsstrang (einem „roten Faden") folgen. Besteht Ihre Arbeit aus Experimenten oder einem ausgewiesenen Forschungsteil, so empfiehlt es sich, den theoretischen vom praktischen Teil zu trennen. Dies gilt vor allem dann, wenn der experimentelle Teil große Teile der Arbeit bestimmt.

Gliederungsebenen und Gliederungssysteme

Mit der Gliederung geben Sie Ihrer VWA eine Struktur. Erarbeiten Sie die Gliederung daher in aller Ruhe und möglichst sorgfältig. Vermeiden Sie allzu viele Gliederungsebenen. Im Rahmen einer VWA sollten Sie allerhöchstens vier, besser nur drei Ebenen einführen, sonst verlieren Sie leicht die Übersicht. Formulieren Sie prägnante und präzise Überschriften. In Detailfragen kann Ihnen Ihre Betreuerin bzw. Ihr Betreuer sicherlich weiterhelfen.

Was das formale System der Gliederung betrifft, so gibt es verschiedene gebräuchliche und zulässige Varianten. Grundsätzlich sind zu unterscheiden:

- Numerische Systeme (Gliederung mithilfe von Ziffern)
- Alphabetische Systeme (Gliederung mithilfe von Buchstaben)
- Alphanumerische Systeme (Mischform)

Numerische Systeme

Numerische Systeme sind sehr praktisch und einfach zu handhaben, weil jede Unterebene durch Punkte und Ziffern gekennzeichnet ist. Welche Ziffern Sie verwenden (arabische oder römische), bleibt Ihnen überlassen. Die letzte Stelle der Nummerierung endet immer ohne Punkt. Das Inhaltsverzeichnis und das Literaturverzeichnis werden nicht mit Nummern versehen, scheinen aber im Inhaltsverzeichnis auf. Beachten Sie außerdem: Sobald Sie ein Unterkapitel 1.1 einführen, müssen sie auch ein Unterkapitel 1.2 verfassen!

TIPP *Sie können eine numerische Gliederung theoretisch zwar über hunderte Ebenen ausweiten, doch sollten Sie, zumindest für die Zwecke Ihrer VWA, bei der dritten Ebene Halt machen. Sie verlieren sonst allzu rasch den Überblick!*

GLIEDERUNG MITTELS EINES NUMERISCHEN SYSTEMS:

BEISPIEL

Ebene 1:	1
Ebene 2:	1.1
	1.2
	1.3
Ebene 3:	1.1.1
	1.1.2
	1.1.3

In der wissenschaftlichen Praxis (in fast allen Spielarten) hat sich mittlerweile das numerische Gliederungssystem mit arabischen Ziffern durchgesetzt.

TIPP *Die meisten Textverarbeitungsprogramme unterstützen numerische Gliederungen und führen sie automatisch aus.*

Alphabetische Systeme

Hier wird nach Buchstaben gegliedert, z. B. wie folgt:

GLIEDERUNG MITTELS EINES ALPHABETISCHEN SYSTEMS:

BEISPIEL

Ebene 1:	A
Ebene 2:	A.a
	A.b
	A.c
Ebene 3:	A.a.a
	A.a.b
	A.a.c
	A.a.d

Dieses System funktioniert vom Ansatz her wie ein numerisches, wird aber von den meisten Softwareprogrammen nicht automatisch umgesetzt. Sie müssen es manuell steuern, was eine gewisse Fehleranfälligkeit birgt. Das schafft einen zusätzlichen und vermeidbaren Arbeitsaufwand.

Alphanumerische Systeme

Als Gliederungselemente werden sowohl Ziffern als auch Buchstaben herangezogen, z. B. wie hier dargestellt:

GLIEDERUNG MITTELS EINES ALPHANUMERISCHEN SYSTEMS:

BEISPIEL

Ebene 1:	A
Ebene 2:	A.a
	A.b
	A.c
Ebene 3:	A.a.i
	A.a.ii
	A.a.iii

Sie sehen gleich, dass dieses System ein wenig kompliziert ist. Es wird allerdings von den meisten Softwareprogrammen unterstützt, sodass Sie nicht ständig manuell nachbessern müssen, wenn Sie es verwenden.

ÜBERLEGEN SIE SICH EINEN GLIEDERUNGSENTWURF FÜR IHRE VWA:

ÜBUNG

Einige wichtige Regeln:

Kennzeichen für die Zusammenfassung wichtiger Inhalte

- Auf 1.1 folgt 1.2, auf A.a folgt A.b (1.1 oder A.a darf nicht das einzige Unterkapitel bleiben).
- Unterpunkte dürfen keine Wiederholung des übergeordneten Punktes sein.
- Kapitelüberschriften im Text müssen mit der Gliederung übereinstimmen.
- Die Wichtigkeit der Inhalte muss sich in der Gliederung zeigen.

Diese Regeln sind unbedingt einzuhalten, denn ein Verstoß dagegen bedeutet einen Verstoß gegen die formale Richtigkeit der Arbeit. Eine schlechte Beurteilung wegen ein paar falsch gesetzter Punkte oder Bezeichnungen wäre mehr als ärgerlich.

Für Ihre allererste wissenschaftliche Arbeit empfehlen wir ein rein numerisches Gliederungssystem. Sie sehen, dass alphabetische und alphanumerische Systeme gewisse praktische Nachteile gegenüber numerischen aufweisen. Die Gefahr, etwas durcheinanderzubringen, ist relativ groß. Außerdem ist der Nachprüf- und Nachbesserungsaufwand bei alphabetischen und alphanumerischen Systemen höher als bei numerischen. In der Schlussphase des Schreibens werden Sie ohnedies viel zu korrigieren haben. Halsen Sie sich keine unnötigen Komplikationen auf!

TIPP *Für **Gruppenarbeiten** ist ein numerisches Gliederungssystem ganz besonders empfehlenswert. Arbeiten Sie in einem Team an einer VWA, ist es von größter Bedeutung, sich von vornherein auf ein möglichst einfaches, für alle leicht und in gleicher Weise anwendbares Arbeitsverfahren zu einigen. Dazu gehört auch ein unkompliziertes Gliederungsmodell.*

Doch ganz gleich, für welches Gliederungssystem Sie sich entscheiden – wichtig ist, dass Sie es konsequent durchhalten! Nicht zulässig ist es beispielsweise, mit einem alphabetischen System zu beginnen und nach ein paar Seiten zu einem numerischen zu „switchen“. Auch deshalb ist es hilfreich, gleich zu Beginn eine Gliederung auszuarbeiten!

Gliederungsarten

Was den Inhalt betrifft, können Sie die Gliederung

- chronologisch,
- nach Ursache und Wirkung,
- vergleichend,
- induktiv oder
- deduktiv

anlegen.

Deduktion:

Von einer allgemeinen Regel wird auf einen besonderen Fall geschlossen. Klassisches Beispiel: Alle Menschen sind sterblich. A ist ein Mensch. Daher ist A sterblich.

Induktion:

Von einem Einzelfall wird auf eine allgemeine Regel geschlossen. Beispiel: Aus der Beobachtung des Sozialverhaltens tausender einzelner Bienen wird auf bestimmte Kommunikationsformen zwischen Bienen geschlossen („Bienensprache“).

Vgl. Abschnitt 3.2

Erinnern Sie sich an unsere VWA-Themen aus Abschnitt 3.2? Unter anderem kam dort eine Untersuchung der Relevanz von Computerspiel X für das Freizeitverhalten bestimmter Jugendlicher vor. Gregor W., der dieses Thema untersucht, könnte sich seiner Fragestellung auf verschiedene Arten nähern. Je nach dem gewählten Fokus würde er die Struktur seiner Arbeit auf ganz unterschiedliche Weise ausführen:

BEISPIELE FÜR VERSCHIEDENE GLIEDERUNGSARTEN:

BEISPIEL

Chronologische Gliederung:

A Einleitung
B Die ersten Computerspiele
  I. Entstehung
  II. Programme

Gliederung nach Ursache und Wirkung:

I. Einleitung
II. Die ersten Computerspiele
  1. Veränderung des Freizeitverhaltens Jugendlicher
  2. ...

Vergleichende Gliederung:

I. Einleitung
II. Computerspiele im Wandel der Zeit
  1. Pac-Man
  2. Super Mario
  3. World of Warcraft
  4. ...

Induktive Gliederung:

1 Einleitung
2 Untersuchung des Freizeitverhaltens von AHS-Schülerinnen und -Schülern der letzten beiden Jahrgänge
  2.1 Untersuchungsmethode
  2.2 Darstellung der Ergebnisse
  2.3 ...
3 Auswirkungen der Computerspiele auf die Psyche Jugendlicher

Deduktive Gliederung:

1 Einleitung
2 Untersuchungen zu Computerspielen
  2.1 Studie der ISFE Interactive Software Federation of Europe
  2.2 Studie der Interdisziplinären Suchtforschungsgruppe Berlin
  2.3 ...
3 Befragung der Schülerinnen und Schüler der BG A, B und C

Sie können nun Ihre erste, ungefähre Gliederung vertiefen, indem Sie Ihre Materialsammlung nach Themen strukturieren. Versuchen Sie, diese Struktur in die Form eines Inhaltsverzeichnisses zu bringen. Im Folgenden finden Sie Beispiele dafür.

TIPP *Vorweg noch ein kleiner Tipp: Auch hier zeigen Ihnen die meisten Textverarbeitungsprogramme, wie's geht. Sie können Ihnen helfen, formale Fehler zu vermeiden.*

Vgl. Abschnitt 3.4

Blättern Sie nun noch einmal zu Abschnitt 3.4 zurück. Dort finden Sie zwei Beispiele für ungefähre Gliederungen. Versuchen wir daraus jetzt ausführliche Gliederungen zu machen. Wir bringen sie in die Form von Inhaltsverzeichnissen, verzichten aber auf eine Zuordnung von Seitenzahlen, die wir ja noch nicht kennen können.

Beispiel 1: Jägerstätter

Vgl. Kapitel 3

Das Thema ist in erster Linie historisch ausgerichtet. Als grobe Leitlinie scheint ein chronologischer Ansatz geeignet. Dieser kann helfen, Hürden zu überwinden und ein einigermaßen komplexes Themenfeld zu strukturieren. Die Kapitel müssen im Ergebnis nicht gleich lang sein. Im Zentrum stehen Jägerstätters Texte; der ihnen gewidmete Abschnitt wird also vermutlich länger sein als andere Kapitel.

INHALTSVERZEICHNIS „JÄGERSTÄTTER":

BEISPIEL

1 Einleitung

2 Franz Jägerstätter (1907–1943): biographischer Hintergrund
- 2.1 Jägerstätters Leben bis 1939
- 2.2 Religiöses Engagement
- 2.3 Der Konflikt mit dem NS-Staat
- 2.4 Prozess und Hinrichtung

3 Jägerstätters Kriegsdienstverweigerung im Lichte seiner eigenen Schriften
- 3.1 Überblick über das untersuchte Textkorpus
- 3.2 Briefe
- 3.3 Tagebücher und Notizhefte

4 Beurteilung Jägerstätters nach 1945
- 4.1 Untersuchungszeitraum
- 4.2 Politik
  - 4.2.1 Genereller Umgang mit NS-Gegnern in Österreich nach 1945
  - 4.2.2 Die Einschätzung Jägerstätters im Besonderen
- 4.3. Katholische Kirche
- 4.4 Soziale Welt
  - 4.4.1 Vergessen und Verdrängen als vorherrschende „Strategien"
  - 4.4.2 Jägerstätter als „Ärgernis"
  - 4.4.3 Das unmittelbare soziale Umfeld von Jägerstätters Familie

5 Positive Würdigungen Jägerstätters
- 5.1 Jägerstätter als religiöser Märtyrer: „Pax Christi" und der Vietnamkrieg
  - 5.1.1 Die „Entdeckung" Jägerstätters durch Gordon C. Zahn (In Solitary Witness, 1964)
  - 5.1.2 Politischer Kontext von Kriegsdienstverweigerung in den USA Mitte der 1960er-Jahre
- 5.2 Axel Cortis Film „ Der Fall Jägerstätter" (1971)
- 5.3 Jägerstätter als „Glaubenszeuge" innerhalb einzelner katholischer Gruppen (seit den 1980er-Jahren)
- 5.4 Umdenken der katholischen „Amtskirche", Seligsprechungsprozess

6 Jägerstätter und der Widerstand gegen das NS-Regime: Zeithistorische Einschätzungen

7 Schlussfolgerungen

Literaturverzeichnis

(Anhang)

Beispiel 2: Themen und Sprache in Juli Zehs Romanen

Bei diesem Thema wird ein chronologischer Ansatz nur sehr bedingt weiterhelfen. Aber auch hier kann man versuchen, eine zeitliche Struktur (z.B. Abfolge des Erscheinens der untersuchten Romane) anzulegen, um einen leicht handhabbaren Zugang zu einem eher komplexen Thema zu finden. Die Texte stehen hier aber ganz eindeutig im Vordergrund. Claudia S. muss sie nicht in der Reihenfolge ihrer Erstpublikation behandeln. Das ist nur eine Möglichkeit, die vielleicht hilft, Anfangsschwierigkeiten zu überwinden oder in Grenzen zu halten.

INHALTSVERZEICHNIS „THEMEN UND SPRACHE IN JULI ZEHS ROMANEN":

BEISPIEL

1 Einleitung

2 Die Schriftstellerin Juli Zeh
- 2.1 Biographische Informationen
- 2.2 Überblick über das literarische Schaffen
- 2.3 Humanitäres und politisches Engagement

3 Die Romane
- 3.1 Adler und Engel
  - 3.1.1 Plot und story
  - 3.1.2 Zentrale Charaktere
  - 3.1.3 Zentrale Themen und Motive
- 3.2 Spieltrieb
  - 3.2.1 Plot und Story
  - 3.2.2 Zentrale Charaktere
  - 3.2.3 Zentrale Themen und Motive
- 3.3 Schilf
  - 3.3.1 Plot und Story
  - 3.3.2 Zentrale Charaktere
  - 3.3.3 Zentrale Themen und Motive
- 3.4 Corpus Delicti
  - 3.4.1 Plot und Story
  - 3.4.2 Spezifika der Gattung Dystopie
  - 3.4.3 Zentrale Charaktere
  - 3.4.4 Zentrale Themen und Motive

4 Sprachliche Umsetzung
- 4.1 Ironie
- 4.2 Subjektivität
- 4.3 Spiel mit grammatikalischen Normen

5 Kontexte
- 5.1 Politisch-historisch
  - 5.1.1 Bürgerkrieg im ehemaligen Jugoslawien
  - 5.1.2 „Kampf gegen den Terror" als Kampf gegen Bürgerrechte
  - 5.1.3 Kollektive Zwänge
- 5.2 Literarisch
  - 5.2.1 Musil
  - 5.2.2 Kafka

6 Schlussfolgerungen

Literaturverzeichnis

(Anhang)

5.5 Zeitplan und Begleitprotokoll

Vgl. Abschnitt 1.2

In den letzten beiden Schuljahren haben Sie eine Menge Herausforderungen zu bewältigen und viele Termine zu koordinieren. Die Abfassung einer VWA ist nur ein Teil Ihres Arbeitsprogramms, allerdings ein ziemlich zeitaufwendiger. Deshalb ist es gut, wenn Sie einen möglichst konkreten Zeitplan erarbeiten.

Den „offiziellen" Zeitplan Ihrer Arbeit kennen Sie bereits. Im Idealfall ordnen Sie jedem Abschnitt Ihres Inhaltsverzeichnisses einen bestimmten Fertigstellungstermin zu. Diese Termine sollten Sie nicht auf den jeweils letztmöglichen Zeitpunkt legen. Sie brauchen nach Fertigstellung einer ersten Version Ihrer VWA nämlich noch Zeit zum Durchlesen, Überarbeiten und Verbessern.

Lassen Sie sich also nicht zu viel Zeit. Umgekehrt gilt aber: Es hat keinen Sinn, sich selber unnötig unter Druck zu setzen. Ihr Zeitplan sollte also möglichst realistisch gestaltet sein. Sie kennen sich selber am besten und haben eine Vorstellung davon, welches Pensum Sie in welchem zeitlichen Rahmen bewältigen können! Erstellen Sie Ihren Zeitplan dementsprechend so, dass er für Sie nach eigenem Dafürhalten auch bewältigbar ist!

dj5528
www.oebv.at

ÜBUNG

ERSTELLEN SIE EINEN FÜR SIE VERBINDLICHEN ZEITPLAN!

Verwenden Sie dazu folgendes Muster und schreiben Sie Ihre persönlichen Daten hinein:

1. Semester (vorletzte Klasse)		
Themenfindung	September/Oktober	
Erwartungsbesprechung	Dezember/Jänner	
Recherche, Materialsammlung	September bis Jänner	

2. Semester (vorletzte Klasse)		
Formulierung des Erwartungshorizonts, Erstellen einer Bibliographie	Februar	
Vorlage der Themenstellung	Februar	
Auswahl der Literatur, Nachrecherche	Februar bis April	
Zustimmung der Schulbehörde	April	
Besprechung(en) mit der Betreuerin bzw. dem Betreuer	Februar bis Juni	
Beginn der Erstfassung	Mai	

1. Semester (letzte Klasse)		
Verfassen der Arbeit	laufend bis November	
Besprechungen mit der Betreuerin bzw. dem Betreuer	laufend bis Jänner	
Formatierungsarbeiten	Dezember	
Überarbeitung, Korrekturlesen und Endfassung	Jänner	

ÜBUNG

2. Semester (letzte Klasse)		
Abgabe in gedruckter und digitaler Form	Februar	
Beschreibung der Arbeit durch die Betreuerin bzw. den Betreuer	März	
Weiterleitung an die Vorsitzende bzw. den Vorsitzenden	März	
Abschließende Besprechung mit der Betreuerin bzw. dem Betreuer	März bis April	
Vorbereitung der Präsentation und Diskussion	April bis Mai	
Präsentation und Diskussion	Termin durch Schulbehörde	

Begleitprotokoll

Versuchen Sie, Ihren Zeitplan möglichst konsequent einzuhalten! Während Sie Ihre VWA abfassen, müssen Sie ohnedies ein Begleitprotokoll führen.

„Der/die Schüler(in) hat ein Begleitprotokoll über die Art der Durchführung der Arbeit zu führen, welches jedenfalls die verwendeten Hilfsmittel und Hilfestellungen sowie die Dokumentation des Arbeitsablaufs zu enthalten hat. Insbesondere werden die Besprechungen mit der betreuenden Lehrkraft stichwortartig vermerkt.“ (BMUKK, 1. Säule, S. 13.)

Dieses Begleitprotokoll dokumentiert den Verlauf der Arbeit und der Arbeitsschritte. Zugleich kann es Ihnen als eine Art „Logbuch“ für Ihren Arbeitsprozess dienen. Sie sind anhand des Begleitprotokolls in der Lage zu überprüfen, ob Sie im Zeitplan liegen oder davon abweichen. Falls letzteres der Fall ist, sehen Sie sofort auch, wie weit Sie hinter Ihrem selbst gewählten Plansoll zurückliegen.

Das Führen eines Begleitprotokolls ist verpflichtender Bestandteil der VWA. Wenn Sie die schriftliche Arbeit abgeben, müssen Sie auch Ihr Begleitprotokoll beilegen. Parallel führt die Betreuerin bzw. der Betreuer ebenfalls Aufzeichnungen zu Verlauf und „wichtige[n] Meilensteine[n]“ der Arbeit (BMUKK, 1. Säule, S. 13.).

Diese Aufzeichnungen werden der Arbeit ebenfalls beigefügt. Vermeiden Sie also etwaige nachträgliche „Beschönigungen“ des Protokolls vor Abgabe. Sie könnten sich unter Umständen in Widersprüche zur Darstellung Ihrer Betreuerin bzw. Ihres Betreuers verwickeln!

Vgl. nächste Seite

Das Protokoll kann in einer Tabelle angelegt werden und sollte laufend ergänzt werden. Auf der nächsten Seite finden Sie ein Muster für Ihre Verwendung.

Zur Form von Literaturzitaten vgl. Kapitel 7

Im Rahmen Ihres Begleitprotokolls müssen Sie auch festhalten, welche „Hilfsmittel“ Sie verwendet haben. Damit ist insbesondere die von Ihnen herangezogene Literatur gemeint. Daher empfiehlt es sich, ein eigenes Verzeichnis (Bibliographie) anzulegen. Notieren Sie darin auch, wo (z. B. in welcher Bibliothek oder Datenbank) Sie ein Buch oder einen Artikel gefunden haben. Das ist vor allem dann wichtig, wenn Sie den entsprechenden Text nicht vollständig kopiert oder ausgedruckt haben und später noch einmal darauf zurückgreifen wollen. So ersparen Sie sich die lästige und zeitraubende Wiederholung von Suchvorgängen. Zugleich dokumentieren Sie eine sorgfältige Recherchearbeit!

Ebenfalls Teil des Begleitprotokolls sind Notizen zu den Besprechungen mit Ihrer Betreuerin bzw. Ihrem Betreuer. Legen Sie dafür ein separates Dokument an, das Sie Ihrer Tabelle beifügen.

Die ersten Hürden betreffend Einleitung, Gliederung und Zeiteinteilung haben Sie genommen. Auf zum Hauptteil!

MUSTER FÜR EIN BEGLEITPROTOKOLL

Begleitprotokoll		
Tag	Tätigkeit	Anmerkung

Dieses Formular steht auch zum Download bereit: dj5528 www.oebv.at

6 Wissenschaftliches Arbeiten 1: Grundlagen

In diesem Kapitel erfahren Sie, wie wissenschaftliches Arbeiten funktioniert und welche Techniken Sie heranziehen müssen, um den Hauptteil Ihrer Arbeit auf vorwissenschaftlichem Niveau zu gestalten.

Sie nähern sich nun mit Riesenschritten dem Hauptteil Ihrer VWA. Inhaltlich hängt seine Beschaffenheit naturgemäß gänzlich von Ihrer Themenstellung ab. Allgemeine Aussagen sind in dieser Hinsicht daher kaum möglich. Ganz anders verhält es sich mit den formalen und „technischen" Facetten des Hauptteils. Diese betreffen ganz wesentlich die Eigenheiten wissenschaftlichen Arbeitens, und genau darauf wollen wir uns im Folgenden konzentrieren.

6.1 Viele Wissenschaften

Vgl. Abschnitt 2.2

Wie Sie schon in Abschnitt 2.2 erfahren haben, macht es wenig Sinn, von „der Wissenschaft" zu sprechen. Natur-, geistes- und sozialwissenschaftliche Forschung unterscheiden sich in ihren Fragestellungen und Methoden deutlich voneinander. Dennoch ist keine dieser Richtungen „wissenschaftlicher" als die andere. Auch sind die hier kursorisch unterschiedenen Wissenschaftsbereiche oder „Wissenschaftskulturen" nicht in sich homogen, sondern vielschichtig.

Vgl. Lepenies, Wolf: Die drei Kulturen. Soziologie zwischen Literatur und Wissenschaft. 2. Aufl. Frankfurt am Main: Suhrkamp, 2006.

Es gibt z. B. in der Physik sehr theoretische Ansätze, die mehr mit mathematischer Logik zu tun haben als mit experimentellen Verfahren. Gleichzeitig finden Sie im weiten Feld physikalischer Forschung den Bereich physikalischer Forschung in Labors, wie ihn viele Menschen mit „Physik" spontan assoziieren. Überschneidungen sowohl inhaltlicher wie methodischer Art im Bereich von Geistes- und Sozialwissenschaften werden zunehmend unter dem Titel „Kulturwissenschaften" oder „cultural studies" zusammengefasst.

Vgl. Assmann, Aleida: Einführung in die Kulturwissenschaft. Grundbegriffe, Themen, Fragestellungen. 3., neu bearbeitete Aufl. Berlin: Erich Schmidt Verlag, 2011.

Vgl. Abschnitt 7.2

Im Rahmen unserer Anleitung zum Verfassen einer VWA können wir leider weder ausführliche Darstellungen zu wissenschaftstheoretischen und methodologischen Grundsatzfragen anbieten, noch die angedeuteten Unterschiede im Detail erläutern. Wir begnügen uns deshalb damit, auf sie hinzuweisen und anhand einiger ausgewählter Methoden zu verdeutlichen. Im Folgenden wollen wir allerdings erst einmal die Charakteristika wissenschaftlicher Forschung im Allgemeinen herausarbeiten und Spezifika nur soweit ansprechen, als dies für die Zwecke einer VWA erforderlich und sinnvoll erscheint.

6.2 Kennzeichen und Formen wissenschaftlichen Arbeitens

6.2.1 Kriterien

Wissenschaftliches Arbeiten bedeutet selbstständig zu forschen und die Ergebnisse dieser Forschungen darstellen zu können. Verschiedene Methoden und Zugänge helfen Ihnen, diesen Anforderungen zu entsprechen.

Alle Wissenschaftsbereiche oder eben „-kulturen" verbindet, dass die Ergebnisse der Forschung dargestellt werden müssen, und zwar in einer Weise, die sie für andere nachvollziehbar macht. Insofern bedürfen wissenschaftliche Vorgehensweisen bestimmter methodischer Qualitätskriterien.

Außerdem ist es unabdingbar, Inhalte, Methoden und Ergebnisse wissenschaftlicher Forschung in einer angemessen differenzierten sprachlichen Form darzustellen. Beides sollte bei Ihrer VWA erkennbar sein. Nach Auffassung des BMUKK sollen dabei folgende Kompetenzen, die nicht fachspezifisch, also übergreifend relevant sind, zum Ausdruck kommen (BMUKK, 1. Säule, S. 15 f.):

- „Lern- und Arbeitstechniken (Recherche, zielgerichtete Informationsentnahme, Zitieren, Exzerpieren, Strukturieren, Datenverarbeitung, Textproduktion)
- Fähigkeit zu relevanter Fragestellung
- Kritische Nutzung von Informationsquellen/Grundlagenmaterial
- Eigenständigkeit und Exaktheit im Denken und Arbeiten
- Klare Begriffsbildung
- Erfassen von Sachverhalten und Zusammenhängen
- Objektivität in der Analyse
- Logisch-kritisches, vernetztes Denken
- Eigene Schlussfolgerungen, basierend auf differenzierten Aussagen
- Stringente, nachvollziehbare Argumentation
- Fähigkeit zu differenziertem, korrektem schriftlichen Ausdruck
- Überarbeitung von Texten nach inhaltlichen und formalen Kriterien“

In diesen für Sie wichtigen Kompetenzen kommen zugleich bestimmte Mindestanforderungen an wissenschaftliches Arbeiten zum Ausdruck. Wir werden also im Folgenden darauf Bezug nehmen, wenn wir versuchen, die Grundlagen wissenschaftlichen Arbeitens darzustellen.

6.2.2 Details

Arbeitstechniken

Vgl. Abschnitt 7.1

Dazu finden Sie nachfolgend in Abschnitt 7.1 eine sehr detaillierte Darstellung.

Fähigkeit zu relevanter Fragestellung

Vgl. Abschnitt 2.2

Bevor Sie irgendwelche Ergebnisse erarbeiten können, müssen Sie erst einmal die richtigen Fragen stellen. Sie müssen wissen, wonach Sie suchen und was genau Sie erforschen wollen. Deshalb formulieren Sie am Anfang Ihrer VWA auch eine möglichst präzise Forschungsfrage. Einfach ins Blaue hinein zu forschen, in der Hoffnung, zufällig irgendetwas Interessantes zu finden, mag anregend sein, wissenschaftliches Vorgehen ist es aber keines. Vielmehr sollten Sie Hypothesen formulieren, also Vermutungen anstellen, die Sie dann im Rahmen Ihrer VWA stützen, belegen oder widerlegen (falsifizieren) können. Diese Hypothesenbildung erfolgt zu Beginn eines Forschungsvorhabens, also im Zusammenhang mit der Fragestellung.

Beispielsweise könnte Beatrix K. vermuten, dass Ludwig Wittgenstein nach Fertigstellung seines „Tractatus logico-philosophicus“ und/oder aufgrund von Erfahrungen, die er als krisenhaft erlebt hat, den Entschluss gefasst haben könnte, seinem Leben eine neue Wendung zu geben. Deshalb habe er sich entschlossen, Volksschullehrer zu werden. Dieser Hypothese könnte sie im Rahmen ihrer VWA nachgehen.

Vgl. Abschnitt 3.2

Das Wort „Hypothese“ kommt vom griechischen Substantiv „hypóthesis“ und kann mit „Voraussetzung“ oder „Unterstellung“ übersetzt werden.

Kritische Nutzung von Informationsquellen

Kritische Haltung

Generell ist eine kritische Haltung von ganz entscheidender Bedeutung für wissenschaftliches Arbeiten. „Kritik" bedeutet dabei keineswegs, dass man irgendetwas schlechter macht als es ist. Das Wort kommt vom griechischen Verb „krineín", was so viel bedeutet wie „unterscheiden" oder „trennen". Es geht um die Kunst des Beurteilens, des Abwägens. Ein kritischer Zugang ist ein solcher, der stets genau hinterfragt, was er tut und warum. Welche Begriffe werden verwendet und weshalb? Was bedeuten sie genau? Ist eine bestimmte Sichtweise in der Fachliteratur überzeugend? Und wenn ja, weshalb? Mit dieser letzten Frage sind wir auch schon bei der kritischen Nutzung von Informationsquellen angelangt.

Informationsquellen

(!)

Zunächst einmal: Was sind Ihre Informationsquellen? Das hängt ganz von Ihrem Thema ab! Alles kann eine Informationsquelle sein; es kommt zunächst einmal darauf an, was Sie wissen wollen. Wenn Sie nach dem Gesundheitsrisiko des Zigarettenrauchens bei Jugendlichen fragen, kann eine Zigarette eine Informationsquelle sein, sofern Sie in der Lage sind, deren chemische Zusammensetzung zu analysieren. Fehlt Ihnen diese Kompetenz, müssen Sie nach entsprechenden Analysen suchen, die andere angestellt haben. Diese Analysen müssen Sie bewerten, sprich einschätzen können. Sofern Sie von Chemie keine Ahnung haben, werden Sie sich damit unter Umständen schwertun. Ist diese oder jene Substanz toxisch? Was heißt überhaupt toxisch? Giftig, ja, aber sind Substanzen an sich toxisch oder nur für bestimmte Lebewesen und in bestimmten Mengen oder Zusammensetzungen? Sie wissen es selber nicht, also müssen Sie irgendwo nachschauen.

BEISPIEL

Nehmen wir an, Sie lesen in einer Studie, das Element Polonium-210 (^{210}Po), das in Tabak vorkommt, hätte karzinogene, also krebserregende Wirkung. Sie wissen nicht, was Polonium-210 genau ist? Was tun? Den Studienautoren glauben? Vielleicht handelt es sich um sehr bekannte Wissenschaftler. Deshalb muss alles richtig sein, was sie schreiben, meinen Sie? Dann sind Sie ganz schön autoritätsgläubig! Eine kritische Herangehensweise sieht anders aus: Sie informieren sich über ^{210}Po und versuchen, weitere Belege für dessen karzinogene Wirkung auf menschliche Organismen zu finden. Das ist unter Umständen schwierig, wenn Sie sich mit derlei Fragen noch nie beschäftigt haben und Ihnen die erforderlichen Voraussetzungen fehlen. Deshalb sollten Sie für Ihre VWA ein Thema wählen, mit dessen Grundlagen Sie vertraut sind und die Sie sich nicht erst mühsam erarbeiten müssen!

Natürlich werden Sie im Rahmen einer VWA nicht jeder Information im Einzelnen nachspüren können, und es wird sicher legitim sein, beispielsweise Studien von Universitätsinstituten oder anderen anerkannten Forschungseinrichtungen einfach einmal zu zitieren. Aber Sie müssen zweifellos in der Lage sein zu verstehen, was dort steht und es eben halbwegs einschätzen können.

Abb. 11: Die Bibliothek und Online-Recherchen als Informationsquellen

Wichtige Informationsquellen sind für jede Wissenschaftlerin bzw. jeden Wissenschaftler Publikationen zu ihrem bzw. seinem Thema, also die einschlägige Sekundär- oder Forschungsliteratur. Darin können schon einmal unterschiedliche Sichtweisen vorkommen. Welche übernehmen Sie dann? Nehmen wir an, Autor A, ein renommierter Historiker, meint, Wittgensteins Umgang mit Schülern hätte der zeitgenössischen Praxis entsprochen, während Autorin B, eine sehr bekannte Pädagogikprofessorin, schreibt, er wäre ganz ungewöhnlich gewesen. Am besten, Sie übernehmen gar keine der beiden Sichtweisen, sondern analysieren die Aussagen genau, eben kritisch. Das bedeutet, Sie zergliedern die Aussagen so lange, bis Sie wissen, was genau gemeint ist. Dem können Sie dann nachgehen. Worauf beziehen sich die beiden Verfasser, wenn sie meinen, ein Verhalten sei im zeitgenössischen Kontext „gewöhnlich" oder eben „ungewöhnlich"? Welches Verhalten genau, welcher konkrete Kontext? Wie werden die jeweiligen Darstellungsweisen begründet?

!

Auch der Begriff „Analyse" ist von einem griechischen Verb abgeleitet, nämlich „analýsein", das mit „auflösen" übersetzt werden kann. Analysen sind Untersuchungen, die einem bestimmten (logischen) System folgen, das auch als solches nachvollziehbar ist.

Expertinnen und Experten

Gerade für Sie als wissenschaftliche Newcomerin oder Newcomer kann es ohne jede Frage hilfreich sein, sich anzusehen, wer eine bestimmte Aussage tätigt. Ist es eine anerkannte Forscherin bzw. ein anerkannter Forscher, die bzw. der viel zu einem bestimmten Thema veröffentlicht hat und an einer bekannten Universität lehrt, spricht das sehr dafür, dass sie bzw. er etwas von Themen versteht, die ihrem bzw. seinem Forschungsbereich zurechenbar sind. Das heißt aber eben nicht, dass alle anderen nur Unsinn zum selben Themenkreis beizutragen hätten. Außerdem können mehrere renommierte Expertinnen und Experten unterschiedliche Wertungen und Einschätzungen vornehmen, und für beide Einschätzungen können gute Gründe sprechen. Dies ist besonders leicht nachvollziehbar, wenn es um die Interpretation von Texten geht. Jeder interpretiert bei der Lektüre anders, und das muss nicht heißen, dass eine Interpretation richtig und alle anderen falsch sind. Eher sind mehrere Interpretationen vertretbar, manche allerdings abwegig. Ob sie dies sind, hängt davon ab, wie nahe oder fern sie dem Text sind, auf den sie sich beziehen.

BEISPIEL

So könnte jemand z.B. nach der Lektüre von Caesars „Commentarii de bello gallico" behaupten, es ginge dabei um die Bemühungen des Verfassers, gleichberechtigte und friedliche Beziehungen zwischen Römern und Galliern zu etablieren. Begründung: Die Julier stammen von den Göttern ab, kommen von fernen Planeten und wollen nur das Beste für die Menschen. In diesem Fall wäre es angebracht zu sagen, die Interpretation sei völlig absurd, sie habe nichts mit dem Text zu tun, der Interpret fantasiere sich vielmehr irgendetwas zusammen. Ob man hingegen Caesars Agieren in Gallien als permanenten Aggressionskrieg interpretiert oder doch eher als Verteidigungskrieg, ob seine Darstellung als hochgradig demagogisch zu werten ist oder nur als schönfärberisch, lässt sich prinzipiell auf unterschiedliche Weise beurteilen. Keine Frage, die Sache mit dem Verteidigungskrieg mutet hochgradig naiv an, aber sie bewegt sich nicht völlig jenseits des Textes; im Gegenteil, sie nimmt ihn auf ziemlich unkritische und wenig reflektierte Art wörtlich. Es ist durchaus denkbar, dass jede dieser Positionen von renommierten Forscherinnen und Forschern vertreten wird. Was also tun, wenn Sie eine VWA zur „Demagogie in Caesars ‚Gallischem Krieg'" schreiben?

Abb. 12: Gaius Iulius Caesar (100–44 v. Chr.), römischer Politiker, Feldherr und Autor

TIPP

Sie sollten sich genau ansehen, auf welche Textstellen sich die Interpreten beziehen und wie sie ihre Sichtweisen argumentieren. Das ist ganz entscheidend. Nur so und mit stetem Blick auf Ihre eigenen Kenntnisse des Basistexts können Sie Positionen abwägen und sich begründet für eine entscheiden – oder eine dritte vorschlagen.

- Das bedeutet nicht, dass Sie sich anmaßen, schlauer zu sein als hervorragende Fachleute. Es bedeutet, dass Sie in der Lage sind, kritisch zu denken und eine eigenständige Sichtweise zu entwickeln, die Sie auch begründen können.

- Was Sie übrigens nicht tun dürfen: Sich um Kontroversen in der für Ihr Thema einschlägigen Forschungsliteratur „herumdrücken", indem Sie sie einfach nicht erwähnen. In diesem Fall wäre Ihre Darstellung nämlich verkürzend und unausgewogen.

Verlag und Autor

!

- Wenn Sie gedruckte Literatur vor sich haben, hilft Ihnen vielleicht die Info weiter, dass der Autor eine gewisse Reputation hat oder dass ein Buch bei einem seriösen Verlag, ein Artikel in einer soliden Fachzeitschrift veröffentlicht wurde. Eher dubiose Publikationen können Sie auf diese Weise vielleicht schon einmal ausklammern. Aber Vorsicht! Das sind Indizien, keine Beweise! Im Zweifel müssen Sie sich auch „verdächtige" Literatur ansehen. Auch eine Publikation, die in einem wenig bekannten Verlag erschienen ist, kann Wichtiges zu einem Thema beitragen. Definitiv aussondern werden Sie nur solche Literatur können, deren Verfasserinnen und Verfasser Sie aus guten Gründen als diskreditiert betrachten können. Elisabeth F. wird im Rahmen Ihres Jägerstätter-Themas möglicherweise Literatur finden, in der Jägerstätters Verhalten ablehnend kommentiert wird. Handelt es sich bei dem Verfasser um einen bekannten, vielleicht sogar verurteilten Neonazi, muss sie sich mit seinen Äußerungen zu Jägerstätter nicht weiter herumschlagen. Ist der Autor aber ein Hobbyhistoriker aus St. Radegund in Oberösterreich (dem Ort, in dem Jägerstätter den größten Teil seines Lebens verbracht hat), der im Eigenverlag publiziert hat, sollte sie zumindest einmal kurz drüberlesen.

Internet

– Wie sieht es eigentlich mit Infos aus dem Internet aus? Da weiß man ja oft gar nicht, wo etwas herkommt. Weder die Autorin bzw. der Autor ist bekannt, noch wird zwangsläufig eine Institution erkennbar, die sich für den Inhalt „verbürgt". Gerade am Anfang ist da große Vorsicht geboten. Auch hier gilt natürlich, dass Sie Argumente prüfen und gegeneinander abwägen müssen. Es ist aber leicht möglich, dass Sie ganz systematisch auf einen „Holzweg" geführt werden. Wenn Sie im Netz z. B. Infos zur NS-Zeit suchen, werden Sie recht schnell zu Websites kommen, die von Neonazis betrieben werden. Es ist leicht möglich, dass Ihre historische und philologische Vorbildung nicht ausreicht, dies rasch genug zu erkennen.

TIPP

Deshalb: Beziehen Sie sich nur auf Infos von solchen Internetseiten, die eindeutig einer bestimmten, vertrauenswürdigen Institution (Universitäten, Akademien der Wissenschaften, Max-Planck-Institute, Dokumentationsarchiv des Österreichischen Widerstands usw.) zugeordnet werden können. Wikipedia ist sehr hilfreich für erste Recherchen oder einen groben Überblick, aber bitte übernehmen Sie nichts ungeprüft! Sie wissen nicht, wer den Beitrag geschrieben hat – und auf welcher Grundlage.

Eigenständigkeit und Exaktheit im Denken und Arbeiten

Eigenständiges Denken ist immer zugleich kritisches Denken.

Insofern ist dieses Thema weitestgehend schon im vorigen Abschnitt angesprochen worden. Eigenständig denkt, wer kritisch über Gesehenes und Gehörtes nachdenkt und seine Überlegungen sich selbst und anderen gegenüber zu argumentieren versucht.

Zum Thema „Argumentation" vgl. näher Abschnitt „Stringente, nachvollziehbare Argumentation"

Systematisches Denken

Exaktes Denken und Arbeiten heißt, dass genau und präzise vorgegangen wird. Solches Vorgehen setzt vor allem voraus, dass systematisch gedacht wird, nicht rein assoziativ. Das bedeutet nicht, dass assoziatives Denken und das Hören auf plötzliche Einfälle nicht wichtig für wissenschaftliche Forschungen wäre, ganz im Gegenteil. Aber irgendwann müssen Sie Ihre Gedanken nach einem bestimmten System gliedern und strukturieren. Ansonsten gewinnt Ihr Arbeiten keine logische Struktur, sondern erschöpft sich in einer Aneinanderreihung loser Gedanken. Daraus können Sie aber keine Schlussfolgerungen ableiten, und kein Mensch kann damit viel anfangen.

Vgl. Abschnitt „Kritische Nutzung von Informationsquellen"

Ganz anders verhält es sich, wenn Sie genaue Analysen zu einem Thema entwickeln. Zur Erinnerung: Analysen sind Untersuchungen, die einem bestimmten (logischen) System folgen, das auch als solches nachvollzogen werden kann. Wie dieses System aussieht, hängt von Ihrem Thema und den verwendeten Methoden ab.

BEISPIEL

Genaues Arbeiten bedeutet auch, dass Sie möglichst exakt mit den Ihnen zur Verfügung stehenden Quellen und Materialien zu Werke gehen. Wenn Sie einen Text interpretieren, dann schreiben Sie über diesen Text und nicht über irgendwelche Assoziationen, die sich einstellen, wenn Sie den Text lesen. Behaupten Sie, etwas stünde „zwischen den Zeilen", müssen Sie dies anhand des Textes oder eines plausiblen Kontexts begründen. Nehmen Sie folgendes Beispiel: Der römische Senator und Historiker Tacitus (um 58–120) schreibt in seinen „Annalen" über einen Vorfall im römischen Senat, der sich um das Jahr 17 herum zugetragen haben soll. Der Senator Gnaeus Calpurnius Piso habe demnach bei einer Abstimmung im Senat folgende Worte an Kaiser Tiberius gerichtet (Übers. d. Verf.):

„An welcher Stelle willst du stimmen, Caesar? Wenn als erster, werde ich wissen, wem ich folgen muss, wenn als letzter, fürchte ich, dass ich nichts ahnend anderer Ansicht sein könnte." (Tacitus, Annalen, 74, 5.)

BEISPIEL

Man kann dies (unter anderem) als ironisch verpackte Attacke auf Tiberius (Caesar Augustus seit dem Jahr 14) interpretieren. Vor allem aber lässt sich sagen, dass hier unterschwellig die Auffassung des Verfassers (Tacitus) zum Ausdruck komme, Tiberius sei nicht nur ein Despot, sondern auch entscheidungsschwach gewesen und hätte andere „vorgeschoben", damit sie in seinem Sinne handeln. Dieser Umstand sei seiner Umgebung nicht verborgen geblieben. Tacitus sagt das aber an der zitierten Stelle nicht explizit, sondern legt einen entsprechenden Schluss nahe. Man kann mit guten Gründen argumentieren, dass er indirekt, eben „zwischen den Zeilen" genau das zum Ausdruck bringe. Indizien dafür: Die Art, in der Pisos Wortmeldung dargestellt wird und der Umstand, dass Tacitus auch an vielen anderen Stellen der „Annalen" als scharfer Kritiker des Augustus und seiner Nachfolger auftritt.

Schlechtes philologisches Arbeiten zeichnet sich unter anderem durch die wiederholte Behauptung aus, irgendetwas stünde „zwischen den Zeilen", ohne dass diese Behauptung untermauert oder gar begründet würde. Dies führt dann dazu, dass gar nicht mehr der konkrete Text interpretiert wird, sondern ein imaginärer Text, der angeblich „zwischen den Zeilen" gefunden werden konnte.

Dittmar, Norbert: Transkription. Ein Leitfaden mit Aufgaben für Studenten, Forscher und Laien. Wiesbaden: VS Verlag für Sozialwissenschaften, 2004.

Der Anspruch exakten Arbeitens gilt in jeder Art von Forschung. Führen Sie Interviews durch, müssen Sie genau vermerken, wer was wann wie gesagt hat. Am besten, Sie zeichnen die Gespräche mit einem Audiorekorder (z.B. einem Diktiergerät) auf. Anschließend transkribieren Sie exakt nach Transkriptionsregeln, die Sie in Ihrer Arbeit transparent machen.

Führen Sie chemische oder physikalische Experimente durch, dokumentieren Sie Versuchsanordnung, Rahmenbedingungen und Versuchsverlauf genau in einem Protokoll.

Klare Begriffsbildung

Vgl. Abschnitt „Kritische Nutzung von Informationsquellen"

Sie ist eine unabdingbare Voraussetzung für systematisch-analytisches Arbeiten. Nur wenn Ihnen die verwendeten Begriffe klar sind und Sie dies auch Ihren Leserinnen und Lesern gegenüber zum Ausdruck bringen, können Sie sinnvoll mit diesen Begriffen arbeiten. Ansonsten laborieren Sie mit einer schwammigen, letztlich beliebigen und nichtssagenden Terminologie. Es macht z.B. einen Unterschied, ob jemand das Wort „Analyse" in einem Text konsequent im Sinne einer brauchbaren Definition verwendet oder es inflationär und ohne erkennbaren Bedeutungsgehalt gebraucht.

Erfassen von Sachverhalten und Zusammenhängen

Voraussetzungen, Definitionen und Strukturen

Vgl. Abschnitt „Kritische Nutzung von Informationsquellen"

Auch dieser Aspekt wissenschaftlichen Arbeitens hat maßgeblich mit kritischem Denken zu tun. Kritisches Denken bildet gewissermaßen die Voraussetzung dafür. Hinzu kommt hier allerdings eine gewisse Sachkenntnis. Es ist faktisch unmöglich, Zusammenhänge erkennen und Sachverhalte auf vertretbare Art einordnen zu können, wenn man sich in einem Forschungsbereich überhaupt nicht auskennt. Denn weder Zusammenhänge, noch „Sachverhalte" springen einem von sich aus entgegen. Sie sind nämlich immer abhängig von Voraussetzungen, Definitionen und Strukturen, die man als gegeben annehmen kann, aber nicht muss. Letztlich ist ihre Wahrnehmbarkeit abhängig von Wissensbeständen, über die die Betrachterin bzw. der Betrachter verfügt. Man sieht nicht so sehr, „was ist", sondern das, wofür man „ein Auge hat". Wenn Peter X. in Florenz durch einen Renaissancepalast wandert, sieht er vielleicht nur bemalte Zimmerdecken und alte Möbel, während Clara R. Maltechniken erkennt, die sie bestimmten Künstlern zuordnen kann und Robert F. sich wundert, warum man hier Einrichtungsgegenstände aus verschiedenen Epochen zusammengestellt hat. Alle drei sehen etwas anderes, je nachdem, was Vorbildung und Wahrnehmungshorizont zulassen.

Objektivität in der Analyse

Im Grunde geht es dabei um Sachlichkeit und professionelles Vorgehen.

In einem weiten Sinn meint „Objektivität", dass die Beschreibung einer Wirklichkeit unabhängig von der- oder demjenigen gültig (valide) sein soll, die oder der sie formuliert – und auch unabhängig davon, wie er oder sie diese Beschreibung formuliert. Wenn eine chemische Versuchsanordnung nur dann zu einem bestimmten Ergebnis führt, wenn der Versuch von Professor C durchgeführt wird, entspricht sie nicht dem Kriterium der Objektivität. Sie muss auch von jeder anderen Forscherin bzw. jedem anderen Forscher unter gleichen Bedingungen bei zumindest vergleichbarem Verlauf durchgeführt werden können. Wir formulieren das deshalb so vorsichtig, weil es selbst unter Laborbedingungen schwierig ist, mehrfach exakt gleiche Rahmenbedingungen herzustellen.

Validität bedeutet, dass ein Ergebnis gültig ist. Eine wissenschaftliche Theorie oder Messung gilt als valide, wenn sie bestimmten Belastungen, also Nachprüfungen und Nachfragen, standhält.

Intersubjektivität

Davon zu unterscheiden ist der Begriff Intersubjektivität, womit gemeint ist, dass ein Sachverhalt von mehreren Personen erkannt werden kann. Die Aussage „Ich sehe in meiner Glaskugel, dass morgen Mittag ein schreckliches Erdbeben stattfinden wird", ist nicht wissenschaftlich. Sie ist es unter anderem deshalb nicht, weil die getroffene Prognose nur von derjenigen Person erstellt werden kann, die „Botschaften" einer bestimmten Glaskugel zu erkennen und zu deuten vermag.

Beziehung zwischen Subjekt und Objekt einer Beobachtung

Ansprüche dieser Art sind relativ leicht formuliert, ihre Einlösung mitunter mehr als schwierig. Beziehungen zwischen Beobachtenden und Beobachtetem sind bekanntlich keineswegs eindimensional, schon weil Subjekt und Objekt einer Beobachtung meist schwer voneinander abgegrenzt werden können. Dies gilt nicht nur in der humanwissenschaftlichen Forschung, liegt dort aber sehr auffällig zutage.

Watzlawick, Paul: Wie wirklich ist die Wirklichkeit? Wahn, Täuschung, Verstehen. 9., ungekürzte Aufl. der Taschenbuchausgabe. München: Piper, 2011.

Eine Meinungsforscherin bzw. ein Meinungsforscher mag annehmen, sie bzw. er interviewe jemanden ganz sachlich, während die bzw. der Interviewte zunehmend ungehalten auf ihr bzw. sein Gegenüber reagiert, weil sie bzw. er dessen Fragen als Zumutung empfindet. Der bzw. die Befragende bemerkt die mangelnde Kooperation und reagiert mit wachsender Abneigung gegenüber der bzw. dem Befragten. Das Interview wird in zunehmend angespannter Atmosphäre abgewickelt, die Antworten fallen immer schnippischer aus. Die Interviewerin bzw. der Interviewer liest die Fragen nur noch vom Blatt ab, obwohl genaueres Nachfragen dringend angebracht wäre. So hat die wechselseitige Abwehrhaltung zwangsläufig Einfluss auf das Interview. Wird dieser Umstand in der späteren Darstellung der Forschungsergebnisse nicht transparent gemacht, verzerrt das die Ergebnisse zwangsläufig.

Oder stellen Sie sich eine sehr engagierte Ethnologin vor, die die Einwohner einer entlegenen Insel erforscht. Aufgrund ihres extrem freundlichen Auftretens wird sie von ihren Interviewpartnerinnen und -partnern derart geschätzt, dass diese ihr im Interview genau das mitteilen, wovon sie glauben, die Ethnologin wolle es hören.

Noch komplizierter wird die Sache, wenn man bedenkt, dass zwei Menschen niemals mit vollständiger Sicherheit werden wissen können, was der jeweils andere denkt oder „meint". Beide interpretieren ständig, beziehen alle möglichen Informationen in ihre Deutung mit ein und beeinflussen sich damit wechselseitig.

Taschner, Rudolf: Der Zahlen gigantische Schatten. Mathematik im Zeichen der Zeit, 3., verb. Aufl. Wiesbaden: Vieweg + Teubner Verlag, 2005.

Im Rahmen der Quantenphysik hat der Physiker Werner Heisenberg (1901–1976) ein Gedankenexperiment unternommen, das in eine ähnliche Richtung weist: Bei dem Versuch, ein Teilchen mikroskopisch zu messen, erfährt dieses Teilchen selber einen Impuls und wird dadurch in seiner Position verändert.

Objektivität

Vgl. Abschnitt „Kritische Nutzung von Informationsquellen"

Das Erfordernis, „in der Analyse" objektiv zu sein, geht deshalb von einem gemilderten Anspruch aus. Die Analyse soll unabhängig von den persönlichen Wertungen und Ansichten dessen durchgeführt werden, der sie anstellt. Das Kriterium der Unabhängigkeit bleibt hier erhalten, wird aber ganz konkret auf den Forschungsprozess als solchen bezogen. Wenn beispielsweise ein Politikwissenschafter Sozialdemokraten aus persönlichen Gründen verabscheut und diese Haltung in seine Darstellung einer bestimmten sozialdemokratischen Partei einfließen lässt, ist seine Analyse nicht objektiv, sondern voreingenommen und tendenziös. Das heißt nicht, dass Sie keine kritische Auseinandersetzung mit dem Gegenstand Ihrer Analyse führen dürfen, ganz im Gegenteil. Diese Auseinandersetzung muss aber stets sachlich bleiben und darf nicht zum Ausleben persönlicher Befindlichkeiten führen.

Logisch-kritisches, vernetztes Denken

Was kritisches Denken bedeutet, haben wir schon ausführlich im Abschnitt „Kritische Nutzung von Informationsquellen" besprochen.

Pauer, Franz u. a.: Mathematik HTL 1. Wien: öbv, 2011, S. 60 ff.; Tetens, Holm: Philosophisches Argumentieren. Eine Einführung. München: Beck, 2004, S. 282 ff.

Kritisches Denken gilt zugleich als logisch, wenn es einer bestimmten (formalen) Struktur folgt. Heute umfasst der Begriff „Logik" so unterschiedliche Ansätze wie klassische und moderne Aussagenlogik, Prädikatenlogik, deontische Logik und mehrwertige Logiken. Falls Sie Ihre VWA nicht gerade zu einem Thema aus Mathematik, Informatik oder philosophischer Logik schreiben, werden Ihre Argumente weitestgehend einer mehr oder minder erweiterten klassischen Aussagenlogik zuzuordnen sein. Dabei geht es zunächst darum festzustellen, ob ein Satz überhaupt als Aussage einzustufen ist. Aussagen sind dabei Sätze, für die gilt, dass sie entweder wahr oder nicht wahr sind. Das Adjektiv „wahr" kann dabei auch durch „richtig" ersetzt werden. Es geht nicht darum, das Verhältnis zwischen einer außersprachlichen Wirklichkeit und ihrer sprachlichen „Darstellung" zu beschreiben. „Richtigkeit" ist in der Regel stark definitionsabhängig. So ist der Satz „9 ist keine Primzahl" aussagenlogisch wahr oder eben richtig. Primzahlen sind definitionsgemäß all jene natürlichen Zahlen, die größer als 1 und nur durch sich selbst oder durch 1 teilbar sind. 9 ist außer durch sich selbst und 1 auch durch 3 teilbar. Also ist 9 keine Primzahl. Aussagen können verneint, durch Junktoren verknüpft werden usw.

Junktoren sind logische Operatoren.

Syllogismus

Im Rahmen Ihrer VWA werden Sie allerdings nicht einmal in die Feinheiten der Aussagenlogik eintauchen müssen. Entscheidend ist, dass Ihre Gedanken schlüssig und kohärent zum Ausdruck gebracht werden. Ausgehend von bestimmten Annahmen ziehen Sie auf nachvollziehbare Weise bestimmte Folgerungen. Ein Zusammenhang zwischen Ihren Überlegungen muss erkennbar sein (Kohärenz). Letztlich werden sich die meisten von Ihnen im Rahmen „klassischer Logik" bewegen, und dabei innerhalb dessen, was früher als Syllogistik bezeichnet worden ist. Ein Syllogismus besteht aus einem Axiom, einem Obersatz, einem Untersatz, der einen konkreten Fall bezeichnet und einer Schlussfolgerung oder Konklusion, die beide Sätze so in Beziehung zueinander bringt, dass das Axiom auf den Einzelfall angewendet wird.

Ein Beispiel: Obersatz: Alle Menschen sind sterblich. Untersatz: X ist ein Mensch. Schlussfolgerung: X ist sterblich. Sie werden vielleicht fragen, woher wir wissen, dass das Axiom tatsächlich stimmt. Wir wissen es nicht. Im Beispielfall eben sprechen gute Gründe (Erfahrung, biologisch-medizinische Erkenntnisse über den menschlichen Körper usw.) dafür. Aber ein unumstößlicher Beweis muss darin nicht gesehen werden. Jede Wissenschaft, so führte bereits Aristoteles aus, gründet letztlich auf bestimmten Grundannahmen (Paradigmen), die ihrerseits nicht mehr bewiesen werden können.

Nichtklassische Logiken

Abb. 13: Aristoteles (384–322 v. Chr.), Philosoph. Aristoteles war ein Schüler und Kritiker Platons und begründete eine philosophische Schule in Athen. Er kann bis heute als einer der wirkungsmächtigsten und einflussreichsten Philosophen der Weltgeschichte gelten.

Vester, Frederic: Die Kunst vernetzt zu denken. Ideen und Werkzeuge für einen neuen Umgang mit Komplexität. Stuttgart: DVA, 1999.

Das ist auch ein Grund dafür, dass die Ansätze klassischer Logik vor allem in der Mathematik durch logische Verfahren abgelöst wurden, die keine allzu großen Voraussetzungen machen. So fragt etwa die Modallogik nicht nach letztgültigen Obersätzen, sondern nach der Gültigkeit von formalen Satzoperatoren wie: „Es ist möglich, dass ..." Überhaupt bewegen sich nichtklassische Logiken nicht mehr im Bereich der Alltags- oder Umgangssprache, sondern ausschließlich in formalsprachlichen

Sphären. Diese haben den Vorteil, dass alle Operatoren und Parameter definiert werden können. Was im Rahmen einer bestimmten Formalsprache nicht definierbar ist, kommt in ihr schlichtweg nicht vor. Ein Beispiel für eine Formalsprache? Eines kennen Sie alle, nämlich das der Mathematik.

Vernetzt zu denken bedeutet in Zusammenhängen zu denken. Jeder Mensch ist in zahlreiche Kontexte eingebunden, mit denen er in wechselseitigen Beziehungen steht (sie wirken auf ihn ein und umgekehrt). Lebenswirklichkeiten sind komplex, gekennzeichnet durch zahlreiche Interaktionsformen. Systemtheoretische Ansätze versuchen dieser Komplexität Rechnung zu tragen, indem sie zeigen, wie Menschen in Beziehung zu anderen „Systemen" agieren und reagieren. Nichts und niemand steht demnach für sich alleine, alles ist in Wechselbeziehungen eingebunden, die ständig in mehr als eine Richtung wirken. Diese Komplexität stets im Blick zu behalten, mögliche Beziehungen zu berücksichtigen und auf sie bezogene Erklärungsansätze zu finden, wäre im Rahmen wissenschaftlicher Forschung sehr wünschenswert. Eine stetig anwachsende, faktische Spezialisierung in vielen Bereichen weist leider in eine ganz andere Richtung. Wenn Sie offen und neugierig durch die Welt gehen, entdecken Sie sehr rasch Wechselbeziehungen, die für sich betrachtet einen viel höheren Erkenntniswert haben als ihre Bestandteile. Beispielsweise werden Sie feststellen können, dass seltsame Beziehungen zwischen dem Aggressionsverhalten von Hunden und der Art besteht, wie sie leben und „erzogen" werden. Auf dieser Basis ist aggressives Verhalten von Hunden aber anders, nämlich komplexer, zu erklären als allein mit dem simplen Verweis auf genetische Dispositionen mancher Hunderassen (Stichwort „Kampfhunde").

Basierend auf differenzierten Aussagen eigene Schlussfolgerungen ziehen

Vgl. Abschnitt „Logisch-kritisches, vernetztes Denken" und „Fähigkeit zu differenziertem, korrektem sprachlichem Ausdruck"

Was die Schlussfolgerungen betrifft, dürfen wir auf den Abschnitt „Logisch-kritisches, vernetztes Denken" verweisen. Was es mit differenzierten Aussagen auf sich hat, finden Sie im Abschnitt „Fähigkeit zu differenziertem, korrektem sprachlichen Ausdruck".

Stringente, nachvollziehbare Argumentation

Argumente

Das Wort „Argument" kommt aus dem Lateinischen, und zwar aus der Rechtssprache. Das Substantiv „argumentum" bedeutet „Beweismittel". Argumente sind Aussagen, mit deren Hilfe andere Aussagen begründet oder widerlegt werden (sollen). Argumente sind etwas anderes als bloße Behauptungen, weil sie eben versuchen, Gründe für oder gegen etwas ins Treffen zu führen. Nur so sind wechselseitiges Verständnis für Positionen, Einsichten und weiterführende Überlegungen möglich. Behauptungen haben oft etwas Beliebiges. Im Grunde kann man alles behaupten, etwa dass die Erde eine flache Scheibe ist oder dass man allabendlich mit Marsbewohnern Zwiesprache hält. Dies zu belegen ist eine andere Sache. Argumente erfüllen diese Belegfunktion, ebenso wie faktische „Beweise".

Ihr Kumpel Alex, der jeden Abend mit Marsbewohnern konferiert, kann seine Behauptung im Grunde nur belegen, indem er Ihnen einen seiner Gesprächspartner vorstellt. Mit der Form der Erde ist es anders, hier helfen begründbare Aussagen, eben Argumente, die auf mathematische Berechnungen, aber auch auf Beobachtungen Bezug nehmen können.

Highsmith, Patricia: Der Schrei der Eule. Roman. Neuübers. von Irene Rumler. Zürich: Diogenes, 2002.

Argumente sind insofern Beweisversuche auf relativ abstraktem Niveau. Auch das Vorlegen eines faktischen Beweises bedarf gewisser Begründungen. In einem Mordprozess einfach ein Messer mit Fingerabdrücken des Angeklagten und Blutspuren des Opfers auf den Richtertisch zu legen, reicht nicht aus. Es muss auch der logische Konnex zwischen Angeklagtem und Ausführung der Tat hergestellt werden können. Dazu bedarf es argumentativer Bemühungen (wenn auch geringer, weil ein blutiges Messer mit den Fingerabdrücken eines Verdächtigen in der Regel hohe Überzeugungskraft entfaltet, allerdings nicht immer zu Recht).

Argumente müssen zueinander in einem erkennbaren Zusammenhang stehen (Kohärenz). Sie sollten also Widersprüche in Ihrer Argumentation vermeiden und nicht wirr oder unzusammenhängend schreiben, also etwa auf Seite 17 Ihrer VWA plötzlich und ohne erkennbaren Grund irgendwelche Behauptungen einführen, für die es auf den 16 Seiten vorher keinen erkennbaren Anlass gibt.

Wenn Sie Ihre Eingangshypothesen stets im Blick behalten, könnten Sie sich übrigens folgende Tabelle zurechtlegen und laufend ergänzen:

ÜBUNG

Hypothese	Beweismöglichkeiten

Ob Argumente nachvollziehbar sind, hängt vom sprachlichen Ausdruck ab.

Fähigkeit zu differenziertem, korrektem sprachlichen Ausdruck

Vgl. Abschnitt „Kritische Nutzung von Informationsquellen“

Vgl. Wittgenstein, Tractatus logico-philosophicus, 5.6

„Differenzieren“ heißt „unterscheiden“ und weist daher in dieselbe Richtung wie das Wort „Kritik“. Hier geht es darum, für kritisches Denken und Argumentieren angemessene sprachliche Ausdrucksformen zu finden. Mit anderen Worten: In Ihrer sprachlichen Artikulation muss erkennbar sein, dass Sie kritisch bzw. differenziert gedacht und gearbeitet haben. Sprache ist viel mehr als bloßer „Transport“ von Gedankeninhalten. Denn zumindest für menschliche Verhältnisse gilt, dass wir zwar primär in Bildern denken, allerdings sehr früh lernen, Denken und Sprache zu verknüpfen. Jeder halbwegs komplexe Gedanke bedarf sprachlicher Ausdrucksmöglichkeiten, um überhaupt entstehen zu können. Deshalb sind Sprache und Denken schwer bis gar nicht trennbar. Dieser Zusammenhang sollte Ihnen bewusst bleiben: „Die Grenzen meiner Sprache bedeuten die Grenzen meiner Welt.“ Arbeiten Sie an der Grenzöffnung, es lohnt sich, nicht nur für die VWA!

Überarbeitung von Texten nach inhaltlichen und formalen Kriterien

Hierzu finden Sie weiterführende Hinweise und Anregungen in Kapitel 8.

Anspruch und Umsetzung

Die erwähnten Kriterien lassen sich nicht immer einlösen. Beim Schreiben Ihrer VWA werden Sie vielleicht gelegentlich das Gefühl haben, dass zwischen Anspruch und Umsetzung eine Kluft bestehen bleibt. Fragen Sie sich und vielleicht auch Ihre Betreuungsperson, ob diese Kluft darauf zurückgeführt werden kann, dass Sie sich einfach ein wenig intensiver mit Ihrem Thema auseinandersetzen sollten. Falls nicht, thematisieren Sie Ihr Problem in der Arbeit und versuchen Sie nicht, es zu „vertuschen“. Gerade bei den ersten wissenschaftlichen Gehversuchen ist es wichtig, ein Bewusstsein für Möglichkeiten und Grenzen auszuloten und zu erkennen, was man tut. Wenn Sie dies in Ihrer VWA tun, lassen Sie ohne Zweifel vorwissenschaftliches Niveau erkennen. Versuchen Sie sich hingegen über grundsätzliche Probleme „hinwegzuschummeln“, ist dies ganz sicher nicht der Fall.

Sie haben nun Kriterien wissenschaftlichen Arbeitens kennengelernt; ebenso, wie Sie Informationsquellen kritisch nutzen! Sie wissen um die Bedeutung eigenständigen Denkens und einer objektiven Analyse Ihres Forschungsgegenstandes.

---

7 Wissenschaftliches Arbeiten 2: Methoden

Hier finden Sie Informationen zu wichtigen Methoden wissenschaftlichen Arbeitens, vor allem zu solchen, die Sie für Ihre VWA brauchen. Sie erfahren, wie Sie eine Auswahl an Literatur treffen, lernen die Grundlagen empirischer und hermeneutischer Forschung kennen und befassen sich außerdem mit der korrekten Ausweisung fremder Ideen mittels Zitaten.

7.1 Methoden 1: Recherche

7.1.1 Wozu Literaturrecherchen?

Sammeln von Informationen

Bevor Sie überhaupt zu schreiben anfangen, sammeln Sie am besten Informationen zu Ihrem Thema. Das gilt für jede Art von Forschung, unabhängig von allen sonstigen Methoden. Weil zu fast jedem Thema schon irgendjemand etwas geschrieben hat, bedeutet diese Sammlungstätigkeit zuallererst Literaturrecherche. Dass Sie mit einer VWA noch völlig „unerschlossenes" wissenschaftliches „Neuland" betreten, ist jedenfalls hochgradig unwahrscheinlich.

BEISPIEL

Wenn Sie wie Gregor W. (vgl. Abschnitt 3.2) die Relevanz eines vielleicht noch sehr neuen Computerspiels für das Freizeitverhalten konkret definierter Jugendlicher erforschen, gibt es womöglich keine Literatur, die genau darauf passt. Sehr wohl gibt es aber Literatur über das Freizeitverhalten von Jugendlichen ganz allgemein, weiters zu Computerspielen ganz allgemein und zu Computerspielen, die dem ähnlich sind, das Sie untersuchen. Außerdem gibt es Literatur, die sich mit der Rolle von Computerspielen generell oder von bestimmten Computerspielen in der Freizeitgestaltung Jugendlicher beschäftigt. Gregor W. müsste zumindest wissen, dass es diese Literatur gibt und dieses Wissen auch erkennen lassen (in seiner Literaturliste). Außerdem wäre er gut beraten, in diese Literatur auch hineinzulesen, weil er sonst Gefahr läuft, entweder etwas Altbekanntes mit dem Gestus des Entdeckers „neu zu erfinden" und sich entsprechend lächerlich zu machen, oder irgendeinen Aspekt zu übersehen, der auch für seine eigenen Forschungen wichtig wäre.

!

Sie sehen, Literaturrecherche ist zentral für jedes wissenschaftliche Arbeiten und ganz besonders wichtig für Ihre VWA. Deshalb beschäftigen wir uns hier auch gleich an erster Stelle damit. Ganz gleich, ob Sie einen Roman interpretieren oder Bienen beobachten, Sie müssen in jedem Fall erst einmal klären, was es dazu schon an Fachliteratur gibt.

Fachliteratur

Die Tätigkeit des Recherchierens haben Sie in groben Zügen bestimmt schon kennengelernt, z. B. wenn Sie Referate ausgearbeitet haben. Auch da mussten Sie mehr an Infos zu Ihren Referatsthemen ermitteln als Sie im Unterricht gehört oder in Schulbüchern gefunden haben. Sie haben vermutlich in Handbüchern, Lexika und Internet nachgesehen, vielleicht auch schon spezifischere Fachliteratur herangezogen. Im Rahmen Ihrer VWA müssen Sie nun lediglich noch genauer recherchieren. Vor allem die Fachliteratur wird eine größere Rolle spielen als bisher, denn Sie dürfen sich hier nicht mit lexikalischen Infos begnügen.

Gleichzeitig gilt, dass Sie nicht jede möglicherweise für Ihr Thema relevante Publikation auch tatsächlich lesen oder in Ihre VWA einfließen lassen müssen. Möglicherweise werden Sie das gar nicht schaffen. Nach einer ersten allgemeinen Sammlung themenrelevanter Literatur sollten Sie eine Auswahl treffen. Doch bevor wir uns diesem Thema zuwenden, wollen wir kurz zusammenfassen, wie Sie Ihre Literaturrecherche ganz konkret angehen können.

7.1.2 Kleiner Leitfaden erfolgreicher Literaturrecherche

Internetrecherche

Ein erster Schritt ist vermutlich für viele von Ihnen die Internetrecherche: Geben Sie zentrale Stichworte Ihres Themas in eine Suchmaschine (z.B. Google, Yahoo usw.) ein.

BEISPIEL

Beatrix K. mit Ihrem Wittgenstein-Thema wird dabei vermutlich rasch auf die Website des Wittgenstein-Archivs in Cambridge stoßen und zudem Literaturhinweise auf Wikipedia finden.

TIPP

Wikipedia ist sehr hilfreich für erste Recherchen oder einen groben Überblick, aber bitte übernehmen Sie nichts ungeprüft. Sie wissen nicht, wer den Beitrag auf welcher Grundlage geschrieben hat.

Schulbibliothek

Parallel dazu macht es sicher Sinn nachzusehen, was sich in der Schulbibliothek zu Ihrem Thema finden lässt. Ersuchen Sie gegebenenfalls die Bibliothekarin bzw. den Bibliothekar um Hilfe. Schulbibliotheken verfügen allerdings selten über spezielle Fachliteratur zu einzelnen Themen; Standardwerke können Sie dort jedoch durchaus finden.

BEISPIEL

Beatrix K. findet in ihrer Schulbibliothek vielleicht eine Wittgenstein-Biographie oder einzelne Werke des Philosophen. Claudia S. (Juli Zeh-Thema, vgl. Abschnitt 3.7) kann in der Schulbibliothek das eine oder andere Literaturlexikon finden, in dem auch Beiträge zu Juli Zeh und ihren Romanen vorkommen.

Abb. 14: Literaturrecherche als Vorarbeit zum Schreiben

Schneeballprinzip

Gerade wenn Sie mit Ihrer Suche noch ziemlich am Anfang stehen, aber schon ein paar informative Handbuchartikel oder Standardwerke gefunden haben, gibt es noch ein weiteres bewährtes Hilfsmittel, nämlich eine Recherche nach dem Schneeballprinzip: Schlagen Sie in den Literaturverzeichnissen der gefundenen Handbücher oder Standardwerke nach und besorgen Sie sich die für Ihre Arbeit interessante Literatur. In den Literaturverzeichnissen dieser Werke finden Sie wiederum neue Hinweise usw.

BEISPIEL

Über ein Handbuch zu Wittgenstein oder eine ausführliche Biographie könnte beispielsweise Beatrix K. weiterführende Literatur finden. Ähnliches gilt für Claudia S. In Literaturlexika wird sie vermutlich weiterführende Literaturhinweise zu Juli Zehs Romanen finden, in Handbüchern zu literarischen Motiven und Formen spezifische Fachliteratur zu diesen Themen allgemein. Elisabeth F. kann in Standardwerken zum Widerstand gegen den Nationalsozialismus Hinweise auf weiterführende Literatur zu Franz Jägerstätter finden.

Profisuche

Die besten Resultate erzielen Sie mit der Profisuche: Gemeint ist die Recherche in Bibliotheken und Datenbanken. Die meisten großen Bibliotheken (Nationalbibliothek und Universitätsbibliotheken) bieten Ihre Kataloge online an. Sie können also bequem via Internet recherchieren und müssen nicht eigens jede Bibliothek einzeln aufsuchen.

!

In Österreich und Deutschland finden Sie die Bestände aller großen Forschungsbibliotheken mittlerweile in Verbundkatalogen zusammengefasst. In Österreich ist das der Gesamtkatalog des Österreichischen Bibliothekenverbundes, in Deutschland der Karlsruher Virtuelle Katalog (KVK), der teilweise auch mit Bibliotheken außerhalb des deutschsprachigen Raumes verlinkt ist.

Sie werden für die Zwecke Ihrer VWA höchstwahrscheinlich mit den österreichischen Verbundkatalogen das Auslangen finden. Dort können Sie nach Stichworten oder Autorinnen bzw. Autoren suchen. Interessieren Sie sich für ein bestimmtes Buch, so sehen Sie auch gleich, in welchen Bibliotheken Exemplare desselben vorhanden sind. Sie finden dann aber nicht nur einen entsprechenden Hinweis, sondern gleich auch einen Link zu jeder in Betracht kommenden Bibliothek.

BEISPIEL

Beatrix K. mit ihrem Wittgenstein-Thema könnte beispielsweise in die Suchmaske eines der Verbundkataloge die Stichwörter „Ludwig", „Wittgenstein" und „Lehrer" eingeben, um einschlägige Literatur zu finden. Claudia S. könnte „Juli", „Zeh" und „Spieltrieb" eingeben, Elisabeth F. „Franz" und „Jägerstätter", Benjamin K. „Bob", „Dylan", „Folk" und „Rock". Für Fritz R. kommen zum Einstieg „Nikotin", „Jugendliche" und „Sucht" in Betracht.

Dass Sie nun von der grundsätzlichen Existenz eines Buches in einer bestimmten Bibliothek erfahren haben, bedeutet allerdings noch nicht, dass der entsprechende Band auch tatsächlich verfügbar ist. Jemand anderes könnte das Buch entliehen haben oder im Lesesaal der Bibliothek benutzen. Meist sind verfügbare Exemplare in den Online-Katalogen als solche ausgewiesen. Diese Angabe muss aber nicht immer dem jeweils aktuellen Stand entsprechen. So besteht etwa die Möglichkeit, dass ein als verfügbar gekennzeichnetes Buch im Magazin falsch eingereiht wurde und im ersten Suchlauf nicht gefunden werden kann.

In vielen großen Bibliotheken (allerdings nicht in der Österreichischen Nationalbibliothek) können Sie Bücher auch für eine bestimmte Zeit entlehnen, also aus der Bibliothek mitnehmen. Diese Möglichkeit erspart Ihnen viel Zeit, denn Sie haben das Buch in der Regel einen Monat lang zur Verfügung und müssen nicht jedes Mal, wenn Sie darin lesen wollen, in den Lesesaal der betreffenden Bibliothek laufen.

Ehe Sie ein Buch bestellen, informieren Sie sich über die Benützungsmöglichkeiten der jeweiligen Bibliothek. In der Regel müssen Sie einen Bibliotheksausweis erwerben, um Bücher entlehnen zu können. Über die Benützung einzelner Bibliotheken informieren Sie die allgemeinen Benützungshinweise auf der jeweiligen Bibliothekswebsite. Im Zweifelsfall kontaktieren Sie die Bibliothek telefonisch. Man hilft Ihnen zumeist gerne weiter.

Sie haben ein nützliches Buch gefunden. Und jetzt?

Was tun Sie übrigens, wenn Sie ein Buch verwenden wollen? Sie können sich die relevanten Daten (Autorin bzw. Autor, Titel, Untertitel, Erscheinungsort, Erscheinungsjahr, unter Umständen Verlag, Seitenanzahl, wenn Sie einzelne Artikel daraus zitieren) herausschreiben und in Ihre Literaturliste übertragen. „Sicherer" ist es aber, wenn Sie die ersten Seiten des Buches kopieren, das verhindert Abschreibfehler. Genauer gesagt: Kopieren Sie den Innentitel, also das Blatt, das Titel, Autor und in der Regel Verlag nennt, sowie die Impressumsseite, wo Sie Erscheinungsort und -jahr abgedruckt finden.

7.1.3 Wie Sie eine Auswahl treffen

Grobfilterung

Unter Umständen haben Sie viel mehr Literatur gefunden als Sie in der kurzen Zeit bewältigen können, die Ihnen für das Schreiben Ihrer VWA zur Verfügung steht. Sie müssen nun auswählen, aber das ist gar nicht so leicht, weil Sie ja den Inhalt der verfügbaren Texte noch nicht kennen.

Zunächst können Sie die gefundene Literatur nach bestimmten Kriterien gliedern und Publikationen, die diesen Kriterien nicht entsprechen, ausschließen. Die wichtigsten Kriterien für Ihre Zwecke sind *Aktualität* und *Spezialität* der gefundenen Literatur.

Aktualität: Wie schon in Abschnitt 3.3 erwähnt, sollten Sie aktueller Literatur zu einem Thema grundsätzlich den Vorrang gegenüber älterer Literatur geben.

Spezialität: Literatur, die unmittelbar mit Ihrem Thema zu tun hat, ist allgemeiner Literatur vorzuziehen, die Ihr Thema auch irgendwie berührt.

Ausnahmen:
- Standardliteratur: Zu sehr vielen Themen, die im Rahmen Vorwissenschaftlicher Arbeiten behandelt werden, wird sich Standardliteratur finden lassen. Diese müssen Sie auf jeden Fall heranziehen, egal wie alt sie ist.
- Wenn Sie beispielsweise über Feen im „Mittsommernachtstraum" oder überhaupt bei Shakespeare schreiben, darf ein so altehrwürdiges Werk wie das folgende nicht fehlen: Latham, Minor White: The Elizabethan Fairies. The Fairies of Folklore and the Fairies of Shakespeare. New York: Columbia University Press, 1930.
- Allgemeine Literatur zu einem ganzen Themenkreis, dem Ihr Thema zuzurechnen ist, sollten Sie nicht außer Acht lassen. Dadurch verschaffen Sie sich einen guten Überblick.

Lesetechniken üben

Wenn Sie die gefundene Literatur einer Grobfilterung unterzogen haben, bleibt Ihnen möglicherweise noch immer eine ganze Menge an Texten übrig. Es wird in diesem Fall (aber auch in anderen Fällen) weder möglich noch sinnvoll sein, wenn Sie jeden Text brav von vorne bis hinten lesen wie einen Roman. Es gibt Lesetechniken, die es Ihnen erlauben, Sinnzusammenhänge zu erfassen, ohne ein ganzes Buch vollständig durchgelesen zu haben. Man spricht auch von „überfliegen" oder „querlesen", was aber nicht gleichbedeutend ist mit „schlampig drüberschauen". Sie können z. B. lernen, relevante Wort- oder Sinngruppen auf einen Blick zu erkennen oder wichtige Begriffe herauszufiltern. Das erfordert ein bisschen Übung und Routine, hilft Ihnen aber enorm, wenn Sie innerhalb kurzer Zeit eine vergleichsweise große Textmenge bewältigen möchten oder sollen.

Schmitz, Wolfgang: Schneller lesen – besser verstehen für Jugendliche. Reinbek: Rowohlt, 2011.

Im Zweifel kann Sie zur Frage, ob eine bestimmte Publikation themenrelevant ist, Ihre Betreuerin bzw. Ihr Betreuer beraten. „Beraten" heißt nicht, darauf sei einmal mehr hingewiesen, dass die Betreuerin bzw. der Betreuer Ihnen die Arbeit abnimmt.

7.2 Methoden 2: Wichtige Spielarten

7.2.1 Vorbemerkung

Vgl. Abschnitt 2.3

Sie haben schon in Abschnitt 2.3 gelesen, dass unterschiedliche Wissenschaften bzw. Wissenschaftsbereiche oder -kulturen mit unterschiedlichen Methoden arbeiten. Auf diese wollen wir an dieser Stelle nun genauer eingehen. Dabei wollen wir beispielhaft verfahren und Ihnen eine Auswahl vorstellen, die für die Bereiche Sozial-, Natur- und Geisteswissenschaften „typische" Repräsentanten berücksichtigt.

7.2.2 Empirische Forschung

Sozialforschung: qualitative und quantitative Methoden

In den Sozialwissenschaften lassen sich grundsätzlich qualitative und quantitative Forschungsansätze unterscheiden. Qualitative sozialwissenschaftliche Forschung stellt Fragen nach Sinn und Bedeutung bestimmter sozialer Phänomene. Quantitative Forschung versucht demgegenüber, sich auf „hard facts" zu konzentrieren. Eine vollständige Trennung beider Richtungen ist schwierig, weil in beiden Fällen früher oder später interpretiert werden muss. Es müssen aber auch immer Daten erhoben werden. Der Konflikt kreist daher in erster Linie darum, *wie* Daten zu erheben und auszuwerten sind. Qualitative Zugänge gehen in diesem Bereich von einem höheren Komplexitätsgrad aus als quantitative, weil sie schon bei der Datenerhebung nach den Voraussetzungen fragen. Wir erheben Daten ja unter bestimmten Voraussetzungen, wir stellen bestimmte Fragen, die ihrerseits schon Annahmen enthalten, über deren Richtigkeit man streiten kann.

Fragebögen, Interviews

Entweder-Oder-Antworten

Im Extremfall beschränkt sich quantitative Forschung auf das Ermitteln von Daten, etwa über Fragebögen, Meldedaten, Feldforschungen usw. Typische Fragebögen zur quantitativen Datenermittlung ermöglichen den Interviewten nur vorgefertigte Entweder-Oder-Antworten. Beispielsweise könnte da stehen: Ist Ihre politische Haltung tendenziell konservativ oder liberal? Sind Sie verheiratet oder unverheiratet? Rauchen Sie? Beschäftigen Sie sich in Ihrer Freizeit mit Computerspielen? Wenn ja, interessieren Sie sich für Spiel A, B, C oder mehrere davon?

Die Antworten darauf sind zwar klar und in gewisser Weise eindeutig, sie werfen aber viele neue Fragen auf, die im Rahmen quantitativer Verfahren schwer zu klären sind. Beispielsweise fallen sowohl Singles als auch solche Personen in die Kategorie „unverheiratet", die in einer festen Partnerschaft zusammenleben, aber eben nicht geheiratet haben. „Konservativ" und „liberal" kann jeweils vieles bedeuten. Die Frage nach der Beschäftigung mit Computerspielen ist eine sinnvolle Ausschlussfrage, wenn die Interviewerin bzw. der Interviewer nach Personen sucht, die sich überhaupt mit Computerspielen befassen.

Offene Antworten

Qualitative Verfahren versuchen, ihre eigenen Voraussetzungen genauer in den Blick zu nehmen als quantitative. Deshalb gelangen ihre Anwenderinnen und Anwender häufig zu der Einsicht, dass Begriffe mehrdeutig sind und man von vornherein sehr klar wissen muss, worauf eine Befragung letztlich abzielt. Dann können Fragen mit offenen Antwortmöglichkeiten gestellt werden, die den Befragten die Möglichkeit eröffnen, genauer auszuführen, was sie meinen. So würde eine qualitative Untersuchung zu politischen Einstellungen etwa mit Fragen der Art operieren: Wie würden Sie Ihre politische Haltung definieren? Wenn Sie Ihre politischen Überzeugungen auf das Spektrum politischer Parteien in Österreich umlegen, wohin tendieren Sie am ehesten? Bei beiden Fragen wären je nach Situation weitere Nachfragen möglich, insbesondere könnten Bitten um sprachliche Präzisierungen nachgeschoben werden.

Messbare Ergebnisse

Quantitative Verfahren liefern „messbare" Ergebnisse (100 Befragte haben „x" geantwortet, 33 „y" und 67 „z"). Das führt oft zu der Einschätzung, ihre Ergebnisse seien „handfester" als jene der qualitativen Forschung. Eine Zahl, so denken viele, sei eine Zahl, und ein „x" eben ein „x". Quantitativ orientierte Forscherinnen und Forscher gehen zudem in der Regel davon aus, dass sich Interviewende und Interviewte nicht gegenseitig beeinflussen. So funktioniert menschliches Verhalten aber nicht.

Es macht sehr wohl etwas aus, welche Personen einander gegenübersitzen, gerade bei Fragen, die als „heikel" empfunden werden. Viele Menschen fürchten beispielsweise, dass ihre politischen Überzeugungen an die „falsche Adresse" gelangen und ihnen daraus Nachteile erwachsen könnten. Andere denken, ihre Gesundheitsdaten würden gesammelt und gegen sie verwendet. Vertrauen Befragte der Interviewerin bzw. dem Interviewer nicht, werden sie statt „x" eben „y" ankreuzen, auch wenn „x" eher korrekt wäre.

Umgekehrt kann es sein, dass Befragte die Interviewerin bzw. den Interviewer beeindrucken möchten, weil sie sie oder ihn beispielsweise schon öfter im Fernsehen gesehen haben. Dann versuchen sie, anhand von Mimik, Gestik und Intonation ihres Gegenübers herauszufinden, was dieses gerne hören möchte, und sagen genau das. Solche Prozesse laufen oft unbewusst ab. Im Rahmen quantitativer Forschung können sie nur teilweise berücksichtigt werden, indem man etwa bei der Auswertung ein bestimmtes Fehlerkalkül berücksichtigt.

Qualitative Untersuchungen liefern vielleicht keine „genauen Daten", dafür aber oft komplexere und insofern „richtigere" Informationen. Dies gilt umso mehr als die „genauen Daten" der quantitativen Forschung eben oft nur scheinbar „exakt" sind.

Verbindung von quantitativen und qualitativen Methoden

Vielfach wird daher versucht, quantitative und qualitative Verfahren zu verbinden, um so einerseits zu messbaren Ergebnissen zu kommen, diese andererseits aber angemessen interpretieren zu können.

BEISPIEL

Unser Freund Gregor W. mit seinem Computerspiel-Thema (Beispiel 7, Abschnitt 3.2) könnte also zunächst mit einem quantitativen Modell arbeiten, um seine Untersuchungsgruppe näher einzugrenzen, und dann ein qualitatives Konzept anwenden, um im Detail weiterzuforschen.

Grundgesamtheit definieren

In jedem Fall ist es unabdingbar, genau festzulegen und zu begründen, weshalb eine bestimmte Untersuchung in einer bestimmten Art und Weise durchgeführt wird. Es muss aufgrund nachvollziehbarer Kriterien im Vorhinein dargelegt werden, weshalb eine bestimmte Gruppe von Personen („Grundgesamtheit") für Befragungen ausgewählt wird. Diese muss ganz klar definierte Kriterien erfüllen, etwa gleiche Altersgruppe, vergleichbare Ausbildung, vergleichbare Lebensgestaltung und ähnliche Verteilung von Arbeit und Freizeit. Es wäre deshalb nicht zulässig, wenn Gregor einfach nur irgendwelche Freunde und Verwandte interviewte. Die Befragten müssen abstrakt definierbare Gemeinsamkeiten aufweisen, die für die Fragestellung relevant sind.

Auch dürfen Sie es in keinem Fall versäumen, vorweg möglichst klare Theorien und Hypothesen zu entwickeln, die Sie dann anhand Ihres Datenmaterials bewerten können. So könnte Fritz R. mit seinem Zigarettenthema (Beispiel 3, Abschnitt 3.2) von der Theorie ausgehen, dass Rauchen menschliches Lungengewebe schädigt und die Hypothese aufstellen, dass sich entsprechende Beschwerden im Bereich der Atemwege schon früh und nach kurzer Raucherkarriere bemerkbar machen. Bezogen darauf müsste er dann sein Datenmaterial auswerten.

Hinweise für Interviewerinnen und Interviewer

Für Ihre Zwecke gilt: Es ist einfacher, quantitativ angelegte Interviews zu machen, weil Sie dann mit vorgefertigten Fragebögen arbeiten können. Wenn Sie sich dafür entscheiden, überlegen Sie aber genau, was Sie fragen und wie. Sonst könnten Sie leicht zu platten und oberflächlichen Ergebnissen gelangen.

Wenn Sie qualitativ ausgerichtete Interviews durchführen, empfiehlt es sich dringend, einen Interviewleitfaden zu erstellen. Dieser Leitfaden muss die Fragen beinhalten, desgleichen die Themen, die abgefragt werden sollen. Das Leitfadeninterview sollte halbstrukturiert sein, also Fragen vorgeben, aber auch Platz für offene Fragen lassen. Die Fragen sollen einfach und gut verständlich sein. Fangen Sie mit „Eisbrecher-Fragen" an, die ein angenehmes Klima erzeugen. Außerdem müssen Sie bei den Hauptfragen genügend Möglichkeit zum Nachfragen einplanen.

Abb. 15: Das Interview – Methode der empirischen Forschung

ERSTELLEN SIE EIN INTERVIEW UND ÜBEN SIE DIESES MIT EINER PARTNERIN BZW. EINEM PARTNER!

ÜBUNG

Notieren Sie stichwortartig einige erste Fragen, die Ihnen zu Ihrem Thema einfallen:

!

- Wenn Sie das Interview geübt haben und sich die Fragen als brauchbar herausgestellt haben, bitten Sie Ihren Betreuer, die Fragen nochmals zu prüfen.
- Machen Sie sich Termine mit Ihren Interviewpartnerinnen und -partnern aus!
- Zeichnen Sie alle Interviews auf, beispielsweise mit einem Diktiergerät.
- Jedes Interview muss transkribiert, d. h. schriftlich eins zu eins übertragen werden.
- Werten Sie die Interviews aus!

Die Transkription der Interviews benötigt viel Zeit. Für die Transkription existieren Regeln. Eine entsprechende Software können Sie sogar gratis aus dem Internet downloaden.

ÜBUNG

TRANSKRIBIEREN SIE DIE ERSTEN FÜNF MINUTEN DES INTERVIEWS, DAS SIE MIT IHRER GESPRÄCHSPARTNERIN BZW. IHREM GESPRÄCHSPARTNER GEFÜHRT HABEN!

Auswertung der Interviews

Die Auswertung der Interviews erfolgt entsprechend Ihren Fragestellungen. Wichtig ist, dass Sie sprachlich präzise vorgehen. Wenn Sie quantitativ arbeiten, genügt es für die Auswertung, die unterschiedliche Häufigkeit der gewählten Antwortalternativen zu zählen.

Vgl. Abschnitte 3.2 und 6.2 sowie „Sozialforschung: qualitative und quantitative Methoden"

Bei qualitativen Herangehensweisen müssen Sie anhand der von Ihnen eingangs vorgestellten Theorien und Hypothesen an das Datenmaterial herangehen. Fritz R. müsste beispielsweise auf alles achten, was auf gesundheitliche Beschwerden jugendlicher Raucherinnen und Raucher hindeuten und in irgendeinem medizinisch indizierten Zusammenhang zum Rauchen stehen könnte.

Andere Formen empirischer Forschung: Beobachtungen und Experimente

Vgl. Abschnitt 6.2 und „Sozialforschung: qualitative und quantitative Methoden"

Beobachtungen und Experimente kennen Sie aus dem Biologie-, Physik- und Chemieunterricht. Wie in der empirischen Sozialforschung ist es auch hier unabdingbar, dass Sie zuerst eine Theorie und eine oder mehrere Hypothesen entwickeln, ehe Sie überhaupt forscherisch tätig werden.

Beobachten lässt sich vieles, etwa ein chemischer Zerfallsprozess, das Verhalten von Honigbienen gegenüber anderen Honigbienen, aber auch jenes von Menschen, die einen Konflikt austragen. All diese Fälle unterscheiden sich hochgradig voneinander, haben aber auch ein paar Dinge gemeinsam. Wir können hier nur auf die Gemeinsamkeiten eingehen, bezüglich der Methoden im Einzelfall müssen wir Sie an Ihre Betreuerin bzw. Ihren Betreuer sowie auf einschlägige Schulbücher verweisen.

Rahmenbedingungen der Beobachtung

In allen Fällen gilt: Es darf nicht willkürlich irgendetwas beobachtet werden (zumindest nicht für die Zwecke einer VWA). Nur gezielte Beobachtungen ganz bestimmter, vorab definierter Phänomene oder Individuen sind zulässig. Sie müssen ganz klar sagen können, warum Sie genau diesen chemischen Prozess, gerade jene Honigbienen usw. beobachten. Zudem müssen die Rahmenbedingungen jeder Beobachtung genau festgehalten werden. Keine Beobachtung findet „im luftleeren Raum" statt. Ihr Umfeld und ihre Bedingungen sind für alles entscheidend, was man im Zusammenhang mit einer Beobachtung überhaupt aussagen kann.

Wenn Sie also Bienen beobachten und behaupten, Sie hätten dies in deren „natürlichem Umfeld" getan, wohingegen Sie die Tiere tatsächlich in einen geschlossenen Raum voller Insektenvernichtungsmittel gebracht haben, sind Ihre Beobachtungen nichts wert. Sie haben schlichtweg falsche Voraussetzungen geschildert. Die Voraussetzungen sind aber von elementarer Bedeutung, weil sie konkrete Phänomene maßgeblich bestimmen. Wenn Sie Lebewesen beobachten, macht es einen gravierenden Unterschied, ob sich diese während der Beobachtung von Ihnen oder sonst jemandem bedroht gefühlt haben, ob sie sich frei bewegen konnten oder nicht, ob sie in einem für sie „natürlichen Lebensraum" agiert haben oder unter anderen Verhältnissen. Wölfe, die im Zoo leben, reagieren auf bestimmte Reize anders als solche, die sich in einem Wald aufhalten. Aber schon bestimmte Geräusche oder Lichtverhältnisse können Verhaltensweisen beeinflussen.

Auch Ihr eigenes Verhalten müssen Sie korrekt dokumentieren. Sie können nicht sagen, Sie hätten von einem geschützten Platz aus Bienen beobachtet, während Sie tatsächlich mit einem Imkeranzug bekleidet vor den Bienen herumgefuchtelt haben, um diese zu irritieren. Ihre Ergebnisse passen dann nicht zu den Rahmenbedingungen und können von Expertinnen und Experten vermutlich relativ schnell als widersprüchlich eingestuft werden.

Experimentanordnung

Im Rahmen von Experimenten werden die Rahmenbedingungen ganz gezielt „künstlich“ geschaffen. Man nennt diese Bedingungen auch „Experimentanordnung“ und beschreibt sie so genau als möglich. Experimente sind systematische Untersuchungen, die meist mithilfe technischer Geräte durchgeführt werden. Wenn Sie im Rahmen Ihrer VWA experimentell arbeiten wollen, brauchen Sie meist eine entsprechende Ausrüstung, die in der Regel von Ihrer Schule gestellt werden kann. Nach Rücksprache mit Ihrer Betreuerin bzw. Ihrem Betreuer können Sie für die Zwecke Ihrer VWA vermutlich den Biologie- oder Physiksaal benutzen und dort Ihre Experimente durchführen. Genauere Anleitungen erhalten Sie dann ebenfalls von Ihrer Betreuerin bzw. Ihrem Betreuer. Dass Sie bei Experimenten nicht immer ganz allein auf sich gestellt arbeiten, ist oft schon deshalb erforderlich, weil Experimente gesundheitliche Risiken bergen können, die Sie allein vielleicht nicht abschätzen können.

7.2.3 Hermeneutik

Vgl. Abschnitt 6.3

Vgl. Abschnitt 2.3

Bei der Hermeneutik geht es um eine spezifische Art des Interpretierens, die vor allem in den Literaturwissenschaften breite Anwendung findet. Hermeneutische Verfahren sind vor allem auf die Interpretation von Texten gerichtet. Auch hier gibt es unterschiedliche Ansätze, insgesamt geht es aber um eine möglichst konzise und widerspruchsfreie Deutung von Texten. Alle Elemente des Textes sollen im Rahmen der Interpretation berücksichtigt werden. Es wäre also falsch, einzelne Textelemente auszuklammern, weil sie nicht in ein Deutungsschema passen. Auch wird bis zum Beweis des Gegenteils von der Prämisse ausgegangen, dass einem Text ein bestimmter Sinnzusammenhang entnommen werden kann. Ist dies nicht der Fall, etwa weil der Text gerade auf die Aufhebung jeglichen Sinns und jeder Bedeutung gerichtet ist, dann ist eben die Feststellung, dass dem so ist, das Ergebnis einer hermeneutischen Untersuchung.

In jedem Fall ist das Ergebnis eines hermeneutischen Verfahrens genau anhand des untersuchten Textes zu begründen. Auch Kontexte sollen herangezogen werden, sofern der Bezug zum Text begründbar bleibt. Die meisten hermeneutischen Verfahren gehen ja davon aus, dass sich literarische Texte fast immer in irgendeiner Weise auf andere beziehen, oft sogar „Antwortcharakter“ haben. Diese anderen Texte sind dementsprechend auch für die Interpretation des konkret zu analysierenden Textes wichtig.

7.3 Vom Umgang mit fremden Ideen

7.3.1 Wofür Zitate gut sind und weshalb man sie braucht

Sie dürfen im Rahmen Ihrer VWA Texte von anderen Autoren übernehmen. Allerdings müssen diese korrekt zitiert werden.

Von der Verfasserin bzw. dem Verfasser einer VWA erwartet sich niemand neue Forschungsergebnisse. In der Vorwissenschaftlichen Arbeit geht es darum, dass Sie sich selbstständig mit einem Thema befassen, Theorien entwickeln und Problemstellungen lösen. Wenn Sie z. B. eine VWA über Ludwig Wittgenstein schreiben, werden Sie der historischen Forschung vermutlich keine neuen Erkenntnisse bescheren. Ihre Forschungsfrage wird aber gar nicht „Ludwig Wittgenstein“ heißen, sondern vielleicht „Der Philosoph als Volksschullehrer“.

Vgl. Abschnitt 3.3

Vgl. Abschnitt 7.1.1

Zu dieser Thematik gibt es zwar auch schon Literatur, aber Sie können eine eigene Position dazu entwickeln. Wie schon ausführlich erwähnt, ist dies vernünftigerweise nur in steter Auseinandersetzung mit Sichtweisen und Forschungsergebnissen möglich, die bereits veröffentlicht worden sind. Diese Veröffentlichungen arbeiten Sie in Ihren Text ein, indem Sie sie zitieren. Sie können dies in Form eines wörtlichen Zitats oder einer Paraphrase tun. Eine Paraphrase ist die sinngemäße Wiedergabe einer Aussage. Wichtig ist jedenfalls, dass Sie anderer Leute Gedanken und Äußerungen auch entsprechend ausweisen und nicht als eigene ausgeben, oder mit anderen Worten: dass Sie sie korrekt zitieren.

7.3.2 Allgemeines zu Zitaten

Plagiate übernehmen Texte, Darstellungen oder Ideen von anderen Autorinnen und Autoren und geben sie als Eigenleistung des Verfassers aus.

Plagiate haben in Wissenschaft und Kunst immer schon zahlreiche Probleme hervorgerufen. Je weniger man etwas „ganz und gar Neues“ sagen kann, desto drastischer stellt sich die Frage nach den Grenzen zwischen Zitat und Plagiat. Manchmal kann die Abgrenzung schwierig sein; vor allem, wenn jemand etwas schreibt, das er irgendwann einmal gelesen oder gehört hat, ohne sich an die Quelle zu erinnern. Er meint, das Geschriebene sei ihm selber eingefallen, was aber gar nicht stimmt. Trotz aller grundsätzlicher Schwierigkeiten, die sie aufwerfen, sind das aber Grenzfälle. Über sie kann im Grunde unendlich lange und sehr anregend gestritten werden.

Im Rahmen einer VWA werden Sie derlei Probleme in aller Regel eher nicht haben. Für Ihre Zwecke ist es wichtig, dass Sie konsequent versuchen, die Ausführungen anderer Autorinnen und Autoren von Ihren eigenen konsequent zu unterscheiden und diese Unterscheidungen auch im Text kenntlich zu machen. Dies geschieht eben in Form von Zitaten.

Kenntlichmachung der Urheberschaft

In Ihrer Arbeit erklären Sie, dass Sie diese selbstständig verfasst und die verwendeten Quellen auch als solche ausgewiesen haben. Ein Plagiat liegt nicht nur dann vor, wenn Sie Texte mit „copy and paste“ übernehmen, sondern auch, wenn Sie einen fremden Text nur sinngemäß abschreiben. Solange die Urheberschaft einer bzw. eines anderen erkennbar bleibt, müssen Sie dies ausweisen. Ein Plagiat ist keine schöne Sache und kann rechtliche Folgen haben. So können Sie urheberrechtlich belangt werden. Wenn Sie im Rahmen einer Abschlussarbeit plagiieren, kann Ihnen Ihre Leistung später aberkannt werden.

Zitate sind im Übrigen kein Eingeständnis Ihrer eigenen Schwäche, weil Ihnen alles hätte selber einfallen sollen. Vielmehr ist es ein Zeichen der Qualität (Vor)wissenschaftlicher Arbeiten, aus der Fachliteratur zu zitieren. Damit beweisen Sie, dass Sie sich mit dieser auseinandergesetzt haben. Je nach Disziplin unterscheiden sich die Quellen, doch ohne Quellen werden Sie keine Arbeit schreiben können.

Die elektronische Abgabe ermöglicht eine maschinelle Plagiatsprüfung. Wenn Sie unter „Plagiatsprüfung“ im Internet suchen, werden Sie merken, dass Plagiate mittlerweile schnell entlarvt werden können.

Zitate dienen auch der Nachvollziehbarkeit Ihrer Gedanken. Führen Sie z.B. Ideen an, die nur am Rande Ihrer Arbeit interessant erscheinen, können Lesserinnen und Leser diese trotzdem nachschlagen und die zitierte Literatur lesen. Ein Zitat muss die Quelle eindeutig ausweisen.

Durch das Zitat muss es Leserinnen und Lesern möglich sein, die erwähnten Aussagen anderer Autorinnen und Autoren zu finden und zu überprüfen.

Ein Zitat muss präzise sein (die alte Rechtschreibung und selbst Fehler sind zu übernehmen). Zum Zitat gehören auch Wörter, Satzteile, Tabellen und Abbildungen.

Abb. 16

Abb. 17

7.3.3 Zitierregeln

DIE DEUTSCHE ZITIERWEISE

Die hier verwendeten Zitierregeln richten sich im Wesentlichen nach den Empfehlungen des BMUKK sowie des Instituts für Germanistik an der Universität Wien.

TIPP *Fragen Sie Ihre Betreuerin bzw. Ihren Betreuer, ob sie bzw. er mit den Zitierregeln dieses Buches einverstanden ist. Wenn nicht, verwenden Sie für die VWA jene Regeln, die Ihre Betreuerin bzw. Ihr Betreuer Ihnen vorschlägt. Wichtig ist, dass Sie einheitlich nach einem bestimmten System zitieren.*

In wissenschaftlichen Texten kommen lange wörtliche, kurze wörtliche und sinngemäße Zitate vor. Wörtliche stehen immer unter Anführungszeichen. Ihre Quelle wird in der Fußnote genannt. Hier finden Sie Beispiele:

KURZES WÖRTLICHES ZITAT:

BEISPIEL

In einem Artikel für die New York Times bezeichnete der Mathematiker und Spieltheoretiker Johann von Neumann „Kurt Gödels Leistung in der modernen Logik" als „einzigartig und monumental".[1]

Am Seitenende sieht die Fußnote folgendermaßen aus:

[1] Neumann, Johann von: Ehrung für Dr. Kurt Gödel [Art. in der New York Times vom 15.03.1951]. In: Köhler, Eckehart/Weibel, Peter u.a. (Hg.): Kurt Gödel. Wahrheit und Beweisbarkeit. Bd. 1: Dokumente und historische Analysen. Wien: öbv, 2002, S. 27.

LANGES WÖRTLICHES ZITAT (LÄNGER ALS DREI ZEILEN):

BEISPIEL

„Moritz Schlick pflegte abwechselnd mit seinem Kollegen, dem Psychologie-Ordinarius Karl Bühler, etwa alle zwei Jahre eine Vorlesung über ‚Logik und Erkenntnistheorie' zu halten, die er im Wintersemester 1925/26 fünfstündig übernahm. Im gleichen Semester hielt Schlick, zum einzigen Mal, eine einstündige Vorlesung ‚Einführung in die Philosophie der Mathematik'."[2]

Am Seitenende sieht die Fußnote folgendermaßen aus:

[2] Köhler, Eckehart: Gödel und der Wiener Kreis. In: Köhler, Eckehart/Weibel, Peter u.a. (Hg.): Kurt Gödel. Wahrheit und Beweisbarkeit. Bd. 1: Dokumente und historische Analysen. Wien: öbv, 2002, S. 85.

TIPP *Formatierungsvorlage für ein langes, wörtliches Zitat:*
Zeilenabstand 1,0, evtl. kursiv, Blocksatz, Schriftgröße 10 pt, Einzug 1 cm beidseitig

SINNGEMÄSSES ZITAT (PARAPHRASE):

BEISPIEL

Im „Tractatus" befasst sich Wittgenstein mit dem Verhältnis von Sprache und Welt.[3]

Am Seitenende sieht die Fußnote folgendermaßen aus:

[3] Vgl. Wittgenstein, Ludwig: Tractatus logico-philosophicus, 5.62 ff. In: Wittgenstein, Ludwig: Werkausgabe Bd. 1. 14. Aufl. Frankfurt am Main: Suhrkamp, 2002, S. 67 f.

TIPP *Bei einem sinngemäßen Zitat können Sie der Quellenangabe ein „vgl." voransetzen.*

BEI ZITATEN SIND FOLGENDE KENNZEICHNUNGEN ÜBLICH:

BEISPIEL

(...) Auslassungen
z. B.: „Sonstige Schreibmaterialien waren Kohle, Kreide, Nägel und angesägte Holzspäne (...)."

[...] Einfügungen und Ergänzungen
(d. Verf.) Einfügung von Ihnen als Verfasser der Arbeit
z. B.: „Sie [die Nationalsozialisten (d. Verf.)] verboten die Sozialdemokratie."

(sic!) An dieser Textstelle befindet sich im Original ein Fehler.
z. B.: „Eine Vorwißenschaftliche Arbeit (sic!) stellt ein umfangreiches Unterfangen dar."

Ein Zitat aus zweiter Hand gibt bereits Zitiertes aus einem anderen Werk wieder: Autor X zitiert Autorin Y und Sie zitieren Autorin Y „nach“ Autor X. Ein Zitat aus zweiter Hand sollte, wenn irgendwie möglich, vermieden werden, denn Sie wissen nicht, ob das Zitat richtig ist und ob es im Textzusammenhang überhaupt inhaltlich zutrifft. Schließlich kennen Sie das Original ja nicht.

TIPP *Zitate aus zweiter Hand sollten Sie vermeiden!*

Sollten Sie aber dennoch zitieren müssen (z. B. eine Abbildung) und das Original ist nicht mehr zugänglich, dann können Sie das in folgender Form ausnahmsweise tun.

AUS ZWEITER HAND ZITIEREN:

BEISPIEL

zit. n. **zitiert nach, Zitat aus zweiter Hand**
(Im Literaturverzeichnis scheint nur das Werk auf, aus dem zitiert wurde.)

Ihre VWA steht und fällt mit der Qualität der Zitate. Nicht nur der Inhalt der Zitate, auch die professionelle Form ist eine Notwendigkeit für eine gute Beurteilung. Das richtige Zitieren ist das Handwerkszeug allen wissenschaftlichen Arbeitens. Führen Sie es mit großer Sorgfalt durch!

Die deutsche Zitierweise erlaubt Fuß- und Endnoten. Wie schon der Name sagt, befinden sich die Fußnoten in der Fußzeile und die Endnoten am Ende des Textes. Endnoten sind nicht unbedingt sehr praktisch, weil Sie immer ans Ende der Arbeit blättern müssen, um das Zitat nachvollziehen zu können.

(!) Zur leichteren Lesbarkeit empfiehlt sich die Verwendung von Fußnoten.

TIPP *In der deutschen Zitierweise sollten Sie folgender verbindlicher Regel folgen:*
Die erste Nennung eines Titels umfasst die vollständige bibliographische Angabe (Langzitat), jede weitere Nennung wird abgekürzt (Kurzzitat).

(!) Im Text zitieren Sie die Seiten, im Literaturverzeichnis müssen Sie die zitierte Seite weglassen.

Literaturverzeichnis:

BEISPIEL

Eco, Umberto: Wie man eine wissenschaftliche Abschlussarbeit schreibt. Doktor-, Diplom- und Magisterarbeit in den Geistes- und Sozialwissenschaften. 12., unveränd. Aufl. Heidelberg: C. F. Müller, 2007.

Erste Nennung im Text (Langzitat):

Eco, Umberto: Wie man eine wissenschaftliche Abschlussarbeit schreibt. Doktor-, Diplom- und Magisterarbeit in den Geistes- und Sozialwissenschaften. 12., unveränd. Aufl. Heidelberg: C. F. Müller, 2007, S. 22.

Weitere Nennungen im Text (Kurzzitat):

Eco, Wie man eine wissenschaftliche Abschlussarbeit schreibt, S. 217.

Da es unterschiedliche Erscheinungsweisen gibt, müssen Sie dies auch beim Zitieren berücksichtigen.

SELBSTSTÄNDIGE WERKE (MONOGRAPHIEN, BÜCHER)

Selbstständige Werke sind Bücher oder Schriften, die von einem oder mehreren Autoren verfasst wurden.

- **EINZELNER VERFASSER:**

BEISPIEL

Das Langzitat wird immer nach diesem Schema angewandt:

Nachname, Vorname: Haupttitel. Untertitel. Zahl der Bände. Zahl der Auflage. Ort: Verlag, Jahr (Reihentitel, Bandnummer), Seite.

(Die Nennung eines Verlages ist nicht zwingend, in der wissenschaftlichen Zitierpraxis unterbleibt sie mittlerweile sogar.)

Kutschera, Franz von: Die falsche Objektivität. Berlin/New York: de Gruyter, 1993 (Philosophie und Wissenschaft, Bd. 1), S. 34.

Popper, Karl: Logik der Forschung. 9., verbesserte Aufl. Tübingen: Mohr, 1989 (Die Einheit der Gesellschaftswissenschaften, Bd. 4), S. 151.

Das Kurzzitat wird nach der ersten vollen Nennung immer nach diesem Schema angewandt:

Nachname, Haupttitel, Seite.

Kutschera, Die falsche Objektivität, S. 21.

Popper, Logik der Forschung, S. 237.

- **ZWEI VERFASSER:**

BEISPIEL

Beim Langzitat sollte nach diesem Schema gearbeitet werden:

Nachname, Vorname/Nachname, Vorname: Haupttitel. Untertitel. Zahl der Bände. Zahl der Auflage. Ort: Verlag, Jahr (Reihentitel, Bandnummer), Seite.

Hohendahl, Peter Uwe/Schwarz, Egon: Exil und innere Emigration. Frankfurt: Athenäum Verl., 1973 (Literaturwissenschaft, Bd. 18), S. 25.

Aber als Kurzzitat wird es weiterhin folgendermaßen angeführt:

Hohendahl/Schwarz, Exil und innere Emigration, S. 34.

- **MEHR ALS ZWEI VERFASSER:**

BEISPIEL

Das Langzitat wird folgendermaßen angewandt:

Nachname, Vorname/Nachname, Vorname u. a.: Haupttitel. Untertitel. Zahl der Bände. Zahl der Auflage. Ort: Verlag, Jahr (Reihentitel, Bandnummer), Seite.

Bogner, Alexander/Littig, Beate u. a.: Experteninterviews. Theorien, Methoden, Anwendungsfelder. 3., grundlegend überarb. Aufl. Wiesbaden: VS Verlag für Sozialwissenschaften, 2009, S. 78.

Als Kurzzitat sieht es wieder so aus:

Bogner/Littig u. a., Experteninterviews, S. 80.

SAMMELWERKE

Sammelwerke sind Bücher, in denen verschiedene Autoren Beiträge geschrieben haben. Sammelwerke können als Werk zitiert werden, es können aber auch einzelne Beiträge aus dem Werk angeführt werden. Nach den Namen der Herausgeberin bzw. des Herausgebers wird die Abkürzung „Hg." (Herausgeber) gesetzt.

BEISPIEL

Ein Langzitat sollte aus folgenden Bestandteilen bestehen:

Nachname, Vorname (Hg.): Haupttitel. Untertitel. Zahl der Bände. Zahl der Auflage. Ort: Verlag, Jahr (Reihentitel, Bandnummer), Seite.

Döbert, Hans (Hg.): Die Schulsysteme Europas. Albanien, Andorra, Armenien, Belgien, Bosnien-Herzegowina, Bulgarien, Dänemark, Deutschland, England und Wales, Estland, Färöer Inseln, Finnland, Frankreich, Georgien, Griechenland, Irland, Island, Italien, Kroatien, Lettland, Liechtenstein, Litauen, Luxemburg, Malta, Makedonien, Moldawien, Monaco, Niederlande, Norwegen, Österreich, Polen, Portugal, Rumänien, Russische Föderation, San Marino, Schweden, Schweiz, Serbien, Slowakische Republik, Slowenien, Spanien, Tschechische Republik, Türkei, Ukraine, Ungarn, Weißrussland, Zypern. Baltmannsweiler: Schneider-Verl. Hohengehren, 2002, S. 645.

Beim Kurzzitat kann das „Hg." wegfallen; es sieht genauso aus wie bei selbstständigen Werken:

Döbert, Die Schulsysteme Europas, S. 644.

Bei zwei und mehreren Verfassern wird wie beim selbstständigen Werk zitiert, es wird nur ein „(Hg.)" hinzugefügt:

Olechowski, Richard/Achs, Oskar (Hg.) u.a.: Bildung heute: Umbau, Abbau oder Neubau. Schule im Spannungsfeld zwischen Bildungsökonomie und Bildungsqualität; Referate und Beiträge des 9. Internationalen Glöckel-Symposions '01. Innsbruck/Wien u.a: Studienverlag, 2003, S. 55.

Als Verfasser einer Vorwissenschaftlichen Arbeit werden Sie aber zumeist Aufsätze in diesen Sammelwerken interessieren. Für diese Beiträge gelten eigene Zitierregeln.

BEITRÄGE IN SAMMELWERKEN

BEISPIEL

Das Langzitat wird folgendermaßen angewandt:

Nachname, Vorname: Beitragstitel. Untertitel des Beitrags. In: Nachname, Vorname (Hg.): Haupttitel. Untertitel. Zahl der Bände. Zahl der Auflage. Ort: Verlag, Jahr (Reihentitel, Bandnummer), Seite.

Weidinger, Walter: Der Schulversuch Mittelschule. In: Olechowski, Richard/Hanisch, Günter (Hg.) u.a.: Das Modell „Mittelschule". Evaluationsstudie im Längsschnitt. Innsbruck: Studienverlag, 2001, S. 36.

Das Kurzzitat funktioniert wie immer:

Weidinger, Der Schulversuch Mittelschule, S. 38.

Lediglich im **Literaturverzeichnis** müssen Sie statt der Seitenzahl den Gesamtumfang des Beitrags zitieren:

Nachname, Vorname: Beitragstitel. Untertitel des Beitrags. In: Nachname, Vorname (Hg.): Haupttitel. Untertitel. Zahl der Bände. Zahl der Auflage. Ort: Verlag, Jahr (Reihentitel, Bandnummer), Seite von bis.

Weidinger, Walter: Der Schulversuch Mittelschule. In: Olechowski, Richard/Hanisch, Günter (Hg.) u.a.: Das Modell „Mittelschule". Evaluationsstudie im Längsschnitt. Innsbruck: Studienverlag, 2001, S. 35–49.

Die Regeln bei mehreren Verfassern werden wie bei selbstständigen Werken angewandt. Sowohl der Beitrag als auch das Sammelwerk können einen oder mehrere Verfasser haben.

AUFSÄTZE IN ZEITUNGEN UND ZEITSCHRIFTEN

BEISPIEL

Das Langzitat sieht wie folgt aus:

Nachname, Vorname: Beitragstitel. Untertitel des Beitrags. In: Zeitschriftentitel. Band oder Jahrgang. Heft., Jahr (evtl. Tag), Seite.

Robertson, Viktoria: Elemente der direkten Demokratie im Vertrag von Lissabon. In: Journal für Rechtspolitik (JRP). Jg. 18. H. 3., 2010, S. 136.

Im Literaturverzeichnis wird wieder der Gesamtumfang des Artikels angeführt:

Robertson, Viktoria: Elemente der direkten Demokratie im Vertrag von Lissabon. In: Journal für Rechtspolitik (JRP). Jg. 18. H. 3., 2010, S. 133–145.

Das Kurzzitat wird wie bei allen anderen Beispielen angewandt:

Robertson, Elemente der direkten Demokratie im Vertrag von Lissabon, S. 136.

BEISPIEL FÜR EIN LANGZITAT AUS EINER TAGESZEITUNG:

BEISPIEL

Das Langzitat sieht folgendermaßen aus:

Schwikowski, Martina: Klimawandel trocknet Unesco-Welterbe aus: In: Der Standard. 9. Dezember 2011, S. 19.

Im **Literaturverzeichnis** ist der gesamte Umfang des Beitrages zu zitieren (z. B. S. 19–20).

Das Kurzzitat wird wie gewohnt angewandt:

Schwikowski, Klimawandel, S. 19.

HOCHSCHULSCHRIFTEN

Hochschulschriften sind Bachelorarbeiten, Masterarbeiten, Diplomarbeiten und Dissertationen. Sie sind von unterschiedlicher Qualität. Bedenken Sie, dass nicht alle wissenschaftlichen Abschlussarbeiten mit „Sehr gut" beurteilt wurden. Besonders problematisch sind Seminararbeiten, denn mit diesen üben auch Studenten das wissenschaftliche Arbeiten. Master-, Diplom- und Doktorarbeiten unterliegen akademischen Standards und können Ihr Thema bereichern, sofern sie nicht zu speziell auf Nebenthemen Ihrer Arbeit eingehen.

(!) Hochschulschriften werden wie selbstständig erschienene Werke zitiert, nur werden die Art der Hochschulschrift und die Hochschule angeführt.

BEISPIEL FÜR EIN LANGZITAT AUS EINER HOCHSCHULSCHRIFT:

BEISPIEL

Das Langzitat sieht wie folgt aus:

Nachname, Vorname: Haupttitel. Untertitel. Zahl der Bände. Art der Hochschulschrift. Hochschule, Jahr, Seite.

Kainz, Vera : Modelle zur Gravitation in Dokumentarfilmen und deren Verwendung im Schulunterricht. Diplomarbeit. TU Wien, 2005, S. 35.

Kurzzitat und **Zitat im Literaturverzeichnis** werden wie gewohnt angewandt.

QUELLEN UND INTERNETQUELLEN

Bei Quellen aus Archiven und Sammlungen gibt es eigene Zitierregeln, die dort eigens zu erfragen sind. Sie sind deswegen so unterschiedlich, weil die Archive und Sammlungen eigene Systematiken besitzen. Zumeist gibt es Handreichungen, die Ihnen zeigen, wie Sie zitieren müssen.

Viele Bibliotheken verfilmen alte und wertvolle Schriftstücke. Oft dürfen Sie die Originale nicht mehr einsehen. Sollte es nötig sein, auf solche Quellen (z. B. Handschriften oder Notenblätter aus dem Mittelalter) online zurückgreifen zu müssen, dann sollten Sie aus dem Internet zitieren. Ebenso macht es Sinn, Werke, die online verfügbar (z. B. Dissertationen von amerikanischen Universitäten) und nur schwer zu bekommen sind, aus dem Internet zu zitieren.

TIPP *Bewahren Sie auf jeden Fall einen Ausdruck der Internetquelle auf!*

QUELLEN:

BEISPIEL

Nachname, Vorname: Betreff. Quellenbeschreibung, Seite.

Bachofen von Echt, Adolf/Berlepsch, Goswina, u. a.: Aufruf zur Gründung eines Volksheims. Österreichisches Volkshochschularchiv (ÖVA), B-VHO, Geschichte des Volksheims in Zeitungsausschnitten, Ordner 1901-1912.

Ansonsten können Sie Quellen wie selbstständige Werke zitieren, soweit dies möglich ist.

INTERNETQUELLEN:

BEISPIEL

Nachname, Vorname: Titel. Titelzusätze (evtl. Ort, Jahr). online unter Website (zugegriffen am), evtl. Seite.

o. V.: Volksbildungsbewegung im Roten Wien. online unter http://www.adulteducation.at/de/historiografie/ausstellung/174/ (zugegriffen am 18. Mai 2011, 18.13 Uhr).

Nun gibt es einige Sonderfälle beim Zitieren, die man auch beachten sollte:

o. V. ohne Verfasser
o. J. ohne Jahr
o. V. ohne Verlag

(!) Versuchen Sie in jedem Fall, Besonderheiten im Zitat auszuweisen!

Beim Zitieren findet man häufig die Abkürzung „a. a. O.“. Das bedeutet „am angegebenen Ort“. Zumeist führt das zur Verwirrung der Leserinnen und Leser, da daraus oft nicht hervorgeht, was denn am angegeben Ort sei.

Damit sich Kurzzitate nicht dauernd wiederholen, dürfen Sie nach dem ersten Kurzzitat statt
Nachname, Haupttitel, Seite.
die Abkürzung
ebd., Seite.
verwenden. Dies aber nur, solange Sie aus demselben Werk zitieren.

(!) „Ebd.“ steht übrigens für „ebenda“.

Wenn Sie in Folge eine andere Quelle zitieren, müssen Sie wieder das Kurzzitat einfügen.

Jeder, der an einer VWA schreibt, wird das präzise Zitieren zu Beginn lästig finden. Die korrekte Anwendung kostet anfangs viel Zeit und behindert den Textfluss. Es wäre falsch, wenn Sie das Formatieren und Zitieren nicht gleich zu Beginn beachten und erst am Ende Ihrer Arbeit alles einarbeiten wollten. Ein schlechtes Zitat lässt sich oft nicht mehr nachvollziehen, auch nicht für Sie selbst. Wenn Sie sich das korrekte Zitieren bis zum Schluss aufheben, kann es sein, dass Sie mehrere Tage oder Wochen brauchen, um die korrekten Belege in den Quellen wiederzufinden. Daher gilt:

TIPP *Beginnen Sie mit dem richtigen Zitieren gleich zu Beginn Ihrer Arbeit!*

Die Zeit, die Sie für das Zitieren benötigen, wird immer kürzer, und am Ende der Arbeit werden Sie dankbar sein, dass Sie laufend korrekt zitiert haben. Sobald Sie ein bisschen mehr Übung haben, werden Sie nämlich ohnedies feststellen, dass manches Zitat ungenau war und sowieso noch einmal nachgeschlagen werden muss. Bei vier bis fünf Zitaten, die korrigiert werden müssen, benötigen Sie ca. eine Stunde, bei 100 Zitaten – was schätzen Sie?

DIE AMERIKANISCHE ZITIERWEISE

In den meisten Natur- und Sozialwissenchaften wird heute die amerikanische Zitierweise verwendet. Wir stellen hier die „Reinform" vor, es gibt aber zahlreiche Varianten. Diese Zitierweise befreit Autorinnen und Autoren von der Mühe, während des Schreibens ständig Zitierregeln beachten zu müssen. Sie ist zeitsparender und übersichtlicher als die deutsche Zitierweise. Kurzzitate enthalten allerdings weniger Information als dies in den diversen Spielarten der deutschen Zitierweise der Fall ist.

(!) Die amerikanische Zitierweise kennt neben Fuß- und Endnoten auch die Möglichkeit, Verweise gleich neben den zitierten Passagen einzufügen. In der amerikanischen Zitierweise wird das Literaturverzeichnis zum zentralen Suchinstrument für verwendete Literatur, denn die im Text zitierten Werke lassen sich nur finden, wenn auch das Literaturverzeichis genau ist. Die Leserin bzw. der Leser muss im Literaturverzeichnis z. B. „Hopkins 2010" finden können.

Nachdem Sie die Grundsätze des Zitierens bereits gelernt haben, müssen Sie diese nun bloß noch auf die neue Zitierweise umlegen.

SELBSTSTÄNDIGE WERKE (MONOGRAPHIEN, BÜCHER)

- **EINZELNER VERFASSER:**

BEISPIEL

Zitat im Text:

(Nachname Jahr, Seitenzahl)
(Popper 1989, 151)

Wenn Sie einen Autor mit einem anderen Werk zitieren müssen, das im selben Jahr erschienen ist, fügen Sie an die Jahreszahl einen Buchstaben. Dieser Buchstabe muss sowohl im Text als auch im Literaturverzeichnis angeführt werden. Nur dann kann das Werk dem Zitat aus dem Text zugeordnet werden. Ein Beispiel dazu sieht folgendermaßen aus:
(Popper 1989a, 151; Popper 1989b, 17)

Die „Auflösung" finden Sie im **Literaturverzeichnis**. Dort können Sie dem Kürzel „Popper 1989a" oben zitiertes Werk zuordnen. Zitiert wird dort folgendermaßen:
Nachname, Vorname (abgekürzt) (Jahr): Haupttitel. Untertitel. Zahl der Bände. Zahl der Auflage. Ort: Verlag (Reihentitel, Bandnummer).

Demnach stünde „Popper 1989a" für:
Popper, K. R. (1989a): Logik der Forschung. 9., verbesserte Aufl. Tübingen: Mohr (Die Einheit der Gesellschaftswissenschaften, Bd. 4).

„Popper 1989b" wiederum für:
Popper, K. R. (1989b): The Poverty of Historicism. Reprint. London: ARK Paperbacks.

- **ZWEI VERFASSER:**

BEISPIEL

Literaturverzeichnis:

Nachname, Vorname (abgekürzt)/Nachname, Vorname (abgekürzt) (Jahr): Haupttitel. Untertitel. Zahl der Bände. Zahl der Auflage. Ort: Verlag (Reihentitel, Bandnummer).

Hohendahl, P./Schwarz, E. (1973): Exil und innere Emigration. Frankfurt: Athenäum Verl. (Literaturwissenschaft, Bd. 18).

Im Text stehen beide Verfasser:

(Hohendahl/Schwarz 1973, 8)

- **MEHR ALS ZWEI VERFASSER:**

BEISPIEL

Literaturverzeichnis:

Nachname, Vorname (abgekürzt)/Nachname, Vorname (abgekürzt) u.a. (Jahr): Haupttitel. Untertitel. Zahl der Bände. Zahl der Auflage. Ort: Verlag (Reihentitel, Bandnummer).

Bogner, A./Littig, B. u.a. (2009): Experteninterviews. Theorien, Methoden, Anwendungsfelder. 3., grundlegend überarb. Aufl. Wiesbaden: VS Verlag für Sozialwissenschaften.

Im Text würde es heißen:

(Bogner/Littig u.a. 2009, 20)

SAMMELWERKE

BEISPIEL

Nachname, Vorname (abgekürzt) (Hg.) (Jahr): Haupttitel. Untertitel. Zahl der Bände. Zahl der Auflage. Ort: Verlag (Reihentitel, Bandnummer).

Döbert, H. (Hg.) (2002): Die Schulsysteme Europas. Albanien, Andorra, Armenien, Belgien, Bosnien-Herzegowina, Bulgarien, Dänemark, Deutschland, England und Wales, Estland, Färöer Inseln, Finnland, Frankreich, Georgien, Griechenland, Irland, Island, Italien, Kroatien, Lettland, Liechtenstein, Litauen, Luxemburg, Malta, Makedonien, Moldawien, Monaco, Niederlande, Norwegen, Österreich, Polen, Portugal, Rumänien, Russische Föderation, San Marino, Schweden, Schweiz, Serbien, Slowakische Republik, Slowenien, Spanien, Tschechische Republik, Türkei, Ukraine, Ungarn, Weißrussland, Zypern. Baltmannsweiler: Schneider-Verl. Hohengehren.

Im Text würde das Kurzzitat so aussehen:

(Döbert (Hg.) 2002, 45)

Bei zwei und mehreren Verfassern zitiert man wie beim selbstständigen Werk, aber mit einem „(Hg.)":

Olechowski/Achs (Hg.) u a. (2003): Bildung heute: Umbau, Abbau oder Neubau. Schule im Spannungsfeld zwischen Bildungsökonomie und Bildungsqualität; Referate und Beiträge des 9. Internationalen Glöckel-Symposions '01. Innsbruck/Wien u.a: Studien-Verl.

Im Text würde das Kurzzitat so lauten:

(Olechowski/Achs (Hg.) u.a. 2003, 55)

BEITRÄGE IN SAMMELWERKEN

BEISPIEL

Nachname, Vorname (abgekürzt) (Jahr): Beitragstitel. Untertitel des Beitrags. In: Nachname, Vorname (abgekürzt) (Hg.): Haupttitel. Untertitel. Zahl der Bände. Zahl der Auflage. Ort: Verlag (Reihentitel, Bandnummer), Seite von bis.

Weidinger, W. (2001): Der Schulversuch Mittelschule. In: Olechowski, R./Hanisch, G. (Hg.) u.a.: Das Modell „Mittelschule". Evaluationsstudie im Längsschnitt. Innsbruck: Studienverlag, S. 35–49.

AUFSÄTZE IN ZEITUNGEN UND ZEITSCHRIFTEN

BEISPIEL

Nachname, Vorname (abgekürzt) (Jahr): Beitragstitel. Untertitel des Beitrags. In: Zeitschriftentitel. Band oder Jahrgang. Heft. (evtl. Tag), Seite von bis.

Robertson, V. (2010): Elemente der direkten Demokratie im Vertrag von Lissabon. In: Journal für Rechtspolitik (JRP). Jg. 18. H. 3., S. 133–145.

Beispiel für ein Zitat aus einer Tageszeitung:

Schwikowski, M. (2011): Klimawandel trocknet Unseco-Welterbe aus. In: Der Standard. 9. Dezember 2011, S. 19.

Kurzzitate erfolgen wie gehabt:

(Schwikowski 2011, 19)

HOCHSCHULSCHRIFTEN

BEISPIEL

Im Literaturverzeichnis sieht das Zitat folgendermaßen aus:

Nachname, Vorname (abgekürzt) (Jahr): Haupttitel. Untertitel. Zahl der Bände. Art der Hochschulschrift. Hochschule.

Kainz, V. (2005): Modelle zur Gravitation in Dokumentarfilmen und deren Verwendung im Schulunterricht. Diplomarbeit. TU Wien.

Ein Kurzzitat im Text könnte folgendermaßen aussehen:

(Kainz 2005, 35)

INTERNETQUELLEN

BEISPIEL

Aus dem Internet können Sie im Literaturverzeichnis folgendermaßen zitieren:

Nachname, Vorname (abgekürzt) (Jahr): Titel. Titelzusätze. (evtl. Ort, Jahr). online unter Website (zugegriffen am), (evtl. Seite).

Bertelsmann Stiftung (Hg.) (2008): SEIS macht Schule transparent. online unter http://das-macht-schule.de (zugegriffen am 15.9.2008).

Als Kurzzitat im Text kann das so aussehen:

(Bertelsmann Stiftung (Hg.) 2008, 3)

TIPP *Wenden Sie die amerikanische Zitierweise nur an, wenn dies ausdrücklich von Ihnen verlangt wird oder mit Ihrer Betreuerin bzw. Ihrem Betreuer vereinbart wurde!*

7.3.4 Literaturverzeichnis und andere Anhänge

Das Literaturverzeichnis Ihrer Arbeit ist ein wichtiges Qualitätsmerkmal!

Das Literaturverzeichnis am Ende Ihrer Arbeit hilft künftigen Leserinnen und Lesern vielleicht, Informationen über ähnliche Themen zu gewinnen. Auch Sie recherchieren ja in den Literaturverzeichnissen anderer Autorinnen und Autoren.

Das Literaturverzeichnis zeigt, welchen Zugang Sie zum Thema gefunden haben und ob Sie die verschiedenen Meinungen angemessen darstellen konnten. Nachdem Ihre VWA ein eher kurzes Literaturverzeichnis hat, reicht es, wenn Sie die Titel alphabetisch ordnen. Eine genauere Einteilung ist nicht notwendig. Zwischen den Einträgen lassen Sie einen Absatz von 12 pt frei.

TIPP *Wenn Sie im Text eine Publikation zum ersten Mal zitieren, dann können Sie das Zitat mit „copy and paste" in das Literaturverzeichnis einfügen. Sie können aber auch am Ende alle Fuß- oder Endnoten kopieren, alles löschen, was kein Erstzitat war, und den Rest alphabetisch ordnen. Dann müssen Sie allerdings sehr sorgfältig arbeiten, um nicht etwas Falsches zu löschen oder stehenzulassen!*

So sehen Sie, ob Sie das Werk schon zitiert haben und Sie ersparen sich viel Arbeit, da Sie nicht am Schluss alle Zitate nochmals durchgehen müssen. Die Funktion „Literaturverzeichnis" in den gängigen Textverarbeitungsprogrammen entspricht nicht dem hier besprochenen Zitationsstil. Das Literaturverzeichnis wird nach dem Schlussteil an die Arbeit angefügt und zählt nicht mehr zum Text. Ein Literaturverzeichnis zu diesem Kapitel würde so aussehen:

LITERATURVERZEICHNIS EINIGER DER IN DIESEM ABSCHNITT ZITIERTEN WERKE: DEUTSCHE ZITIERWEISE

BEISPIEL

Bachofen von Echt, Karl Adolf/Berlepsch, Goswina, u. a.: Aufruf zur Gründung eines Volksheims. Österreichisches Volkshochschularchiv (ÖVA), B-VHO, Geschichte des Volksheims in Zeitungsausschnitten, Ordner 1901–1912.

Bogner, Alexander/Littig, Beate u. a.: Experteninterviews. Theorien, Methoden, Anwendungsfelder. 3., grundlegend überarb. Aufl. Wiesbaden: VS Verlag für Sozialwissenschaften, 2009.

Döbert, Hans (Hg.): Die Schulsysteme Europas. Albanien, Andorra, Armenien, Belgien, Bosnien-Herzegowina, Bulgarien, Dänemark, Deutschland, England und Wales, Estland, Färöer Inseln, Finnland, Frankreich, Georgien, Griechenland, Irland, Island, Italien, Kroatien, Lettland, Liechtenstein, Litauen, Luxemburg, Malta, Makedonien, Moldawien, Monaco, Niederlande, Norwegen, Österreich, Polen, Portugal, Rumänien, Russische Föderation, San Marino, Schweden, Schweiz, Serbien, Slowakische Republik, Slowenien, Spanien, Tschechische Republik, Türkei, Ukraine, Ungarn, Weißrussland, Zypern. Baltmannsweiler: Schneider-Verl. Hohengehren, 2002.

Hohendahl, Peter Uwe/Schwarz, Egon: Exil und innere Emigration. Frankfurt: Athenäum Verl., 1973 (Literaturwissenschaft, Bd. 18).

Kainz, Vera : Modelle zur Gravitation in Dokumentarfilmen und deren Verwendung im Schulunterricht. Diplomarbeit. TU Wien, 2005.

Kutschera, Franz von: Die falsche Objektivität. Berlin/New York: de Gruyter, 1993 (Philosophie und Wissenschaft, Bd. 1).

Olechowski, Richard/Achs, Oskar (Hg.) u. a.: Bildung heute: Umbau, Abbau oder Neubau. Schule im Spannungsfeld zwischen Bildungsökonomie und Bildungsqualität; Referate und Beiträge des 9. Internationalen Glöckel-Symposions '01. Innsbruck/Wien u. a: Studien-Verl., 2003.

Popper, Karl: Logik der Forschung. 9., verbesserte Aufl. Tübingen: Mohr, 1989 (Die Einheit der Gesellschaftswissenschaften, Bd. 4).

Robertson, Viktoria: Elemente der direkten Demokratie im Vertrag von Lissabon. In: Journal für Rechtspolitik (JRP). Jg. 18. H. 3., 2010, S. 133–145.

Weidinger, Walter: Der Schulversuch Mittelschule. In: Olechowski, Richard/Hanisch, Günter (Hg.) u. a.: Das Modell „Mittelschule". Evaluationsstudie im Längsschnitt. Innsbruck: Studienverlag, 2001, S. 35–49.

LITERATURVERZEICHNIS MIT EINIGEN IN DIESEM KAPITEL ZITIERTEN WERKEN: AMERIKANISCHE ZITIERWEISE

BEISPIEL

Bogner, A./Littig, B. u.a. (2009): Experteninterviews. Theorien, Methoden, Anwendungsfelder. 3., grundlegend überarb. Aufl. Wiesbaden: VS Verlag für Sozialwissenschaften.

Hohendahl, P./Schwarz, E. (1973): Exil und innere Emigration. Frankfurt: Athenäum Verl. (Literaturwissenschaft, Bd. 18).

Olechowski, R./Achs, O. (Hg.) u.a. (2003): Bildung heute: Umbau, Abbau oder Neubau. Schule im Spannungsfeld zwischen Bildungsökonomie und Bildungsqualität; Referate und Beiträge des 9. Internationalen Glöckel-Symposions '01. Innsbruck/Wien u.a: Studien-Verlag.

Popper, K. R. (1989a): Logik der Forschung. 9., verbesserte Aufl. Tübingen: Mohr (Die Einheit der Gesellschaftswissenschaften, Bd. 4).

Popper, K. R. (1989b): The Poverty of Historicism. Reprint. London: ARK Paperbacks.

Wenn Ihre Arbeit Abbildungen enthält, müssen Sie auch deren Herkunft in einem eigenen Verzeichnis nachweisen, das Sie am besten vor oder nach dem Literaturverzeichnis unterbringen.

TIPP *Jede Abbildung muss in einem Abbildungsverzeichnis erfasst sein! Beschriften Sie deshalb jede Abbildung im Text am besten fortlaufend, sonst können Sie sie nicht zuordnen und müssen sich am Ende mühsam ein System überlegen.*

DAS ABBILDUNGSVERZEICHNIS SIEHT AM BESTEN SO AUS:

Abbildungsverzeichnis

Abb. 1: Amsterdam (Fotoagentur Meyer)
Abb. 2: ...
Abb. 3: ...

Falls Sie Abkürzungen verwenden, schlüsseln Sie diese am besten am Ende der Arbeit auf.

!

ABKÜRZUNGSVERZEICHNIS:

AHS	Allgemeinbildende höhere Schule (Gymnasium)
BGBl	Bundesgesetzblatt
BHS	Berufsbildende höhere Schule
BIFIE	Bundesinstitut für Bildungsforschung, Innovation und Entwicklung
BMUKK	Bundesministerium für Unterricht, Kunst und Kultur
KEL	Kind-Eltern-Lehrer-Gespräch
LEA	Leadership Academy
NMS	Neue Mittelschule
NOESIS	Niederösterreichisches Schulmodell im Schulversuch (offizielle Bezeichnung)
PH	Pädagogische Hochschule
SchUG	Schulunterrichtsgesetz

Sie können nun empirische und hermeneutische Methoden anwenden. Auch korrektes Zitieren haben Sie erlernt. Sie sind bald am Ziel!

8 Fertigstellung und Abgabe

Hier erfahren Sie, wie Sie Ihre VWA abgabefertig machen.

8.1 Fertig?

Sobald Sie den letzten Satz Ihrer Arbeit geschrieben haben, liegen Monate harter Arbeit hinter Ihnen. Sind Sie jetzt mit Ihrer VWA fertig? Leider nein. Sie sind noch nicht einmal soweit, dass Sie die Arbeit abgeben könnten. Halten Sie also noch durch und setzen Sie nicht den Lohn Ihrer Mühen aufs Spiel!

8.2 Von der Fertigstellung bis zur Abgabe

Ihre Betreuungsperson darf vor Abgabe Ihrer Arbeit keine Korrekturarbeiten übernehmen.

Hier einige Anregungen, die Ihnen bei der Fertigstellung helfen:

!

- Schließen Sie die Arbeit möglichst in den Weihnachtsferien des letzten Schuljahres ab!
- Lassen Sie die Arbeit von einer zweiten Person korrigieren!
- Lesen Sie die Endfassung mindestens zweimal!
- Prüfen Sie die Zitate!
- Prüfen Sie die Seitennummerierung!
- Gestalten Sie Literaturverzeichnis und Anhang!
- Verfassen Sie ein Abstract!

Abb. 18: Beugen Sie dem Stress mit einem gut durchdachten Zeitplan vor!

8.2.1 Was genau müssen Sie abgeben?

Vgl. Abschnitt 4.2

Die schriftliche Abschlussarbeit umfasst:

!

- Titelblatt
- Abstract in der Sprache der Arbeit (oder in Englisch)
- Vorwort (optional)
- Inhaltsverzeichnis
- Textteil: Einleitung – Hauptteil – Schluss (Fazit)
- Literaturverzeichnis
- Abbildungsverzeichnis (optional)
- Abkürzungsverzeichnis (optional)
- Glossar (optional)
- Anhang (optional)
- Begleitprotokoll und Aufzeichnungen der Lehrkraft
- Eidesstattliche Erklärung

Sobald Sie den Text Ihrer VWA samt Anhang fertig haben, ist nur noch das Abstract offen.

Abstract

Nach all der Plackerei auch noch ein Abstract schreiben zu müssen, mögen Sie als lästige Zusatzarbeit empfinden. „Da habe ich 30 Seiten geschrieben", sagen Sie sich womöglich, „und jetzt, erschöpft und ausgelaugt wie ich bin, soll ich auch noch eine kurze und aussagekräftige Zusammenfassung schreiben. Sollen sie doch meinen Text lesen, wozu habe ich den denn geschrieben?"

Das sind Impulse, die viele Autorinnen und Autoren kennen, v. a. im akademischen Bereich, wo das Erstellen von Abstracts seit vielen Jahren fast schon untrennbar mit der Publikation von Aufsätzen und Monographien verbunden ist. Aber verstehen Sie auch die Leserinnen und Leser! In jedem Wissenschaftsbereich entstehen laufend zahlreiche Artikel und Abhandlungen. Sie alle zu lesen, ist nicht möglich. Also muss eine Auswahl getroffen werden – und dabei helfen Abstracts.

Einstiegshilfe und Überblick

Auch Personen, die Vorwissenschaftliche Arbeiten aus beruflichen Gründen lesen, etwa weil sie Mitglieder in Reifeprüfungskommissionen sind, stehen vor der Notwendigkeit, eine Auswahl zu treffen. Für sie sind Abstracts gute Einstiegshilfen. Im Idealfall wissen sie nach der Lektüre, worum es in der Arbeit geht und sehen sich vielleicht die Umsetzung des Themas nur überblicksartig an.

Deshalb: Nehmen Sie das Schreiben des Abstracts nicht zu locker. Gehen Sie lieber genauso engagiert und gründlich an die Sache heran wie an Ihre Abschlussarbeit selbst. Einige, die sich mit Ihrer VWA befassen, gewinnen bei der Lektüre des Abstracts den für sie entscheidenden Eindruck. Das Abstract sollte also qualitativ nicht gegenüber dem Textteil der Arbeit abfallen!

Beispiele für Abstracts finden Sie in Abschnitt 4.2

Ihr Abstract soll die wesentlichen Themen und Methoden Ihrer VWA enthalten. Schreiben Sie präzise, wecken Sie Interesse, aber gaukeln Sie nichts vor! Ankündigungen, die Ihre Arbeit nicht einlöst, sind im besten Fall peinlich und leicht als müde Werbegags zu entlarven. Im Zweifelsfall sind 17–25 Seiten rasch durchgelesen, vor allem, wenn im Abstract Sensationen angekündigt werden, die man gar nicht erwarten würde. Enttäuscht die Lektüre, kann das zu unangenehmen Nachfragen im Rahmen der Präsentation führen.

TIPP *Verfassen Sie eine prägnante, kurze Zusammenfassung. Heben Sie die „Highlights" Ihrer Arbeit hervor, aber vermeiden Sie Übertreibungen oder gar bewusste Irreführungen.*

8.2.2 Wie geben Sie die Arbeit ab? Wann und bei wem?

(!) Die Arbeit muss zweifach in gedruckter und einfach in digitaler Form abgegeben werden.

Geben Sie Ihre VWA gebunden ab. Am besten hat sich die Bindung in Copyshops bewährt, da diese die Arbeit wie ein Buch binden können. Spiralbindungen können schwer in Regale gestellt werden und Heißklebebindungen erweisen sich als kurzlebig. Wenn Sie sich ein persönliches Exemplar binden lassen, haben Sie außerdem ein nettes Andenken an Ihre Schulzeit!

Die digitale Abgabe erfolgt auf CD oder DVD. CD bzw. DVD werden mit Namen, Schule und Thema der Arbeit beschriftet, die Dateien als Word- und PDF-Dokument abgespeichert.

(!) Beschriften Sie sowohl CD-Cover als auch CD in Anlehnung an das Titelblatt Ihrer VWA!

Die Arbeit muss in der ersten Unterrichtswoche des 2. Semesters Ihres letzten Schuljahres abgegeben werden, und zwar bei Ihrer Betreuerin bzw. Ihrem Betreuer. Planen Sie die Abgabe zehn Tage vor dem letztmöglichen Termin, damit ein Zeitpolster für Pannen bleibt!

Sie haben nun Ihre VWA abgeschlossen sowie in korrekter Form termingerecht an der richtigen Stelle abgegeben. Gratulation!

---

9 Beschreibung, Präsentation und Diskussion

Präsentation und Diskussion sind zentrale Bereiche des Prüfungsgebietes „Vorwissenschaftliche Arbeit" und nicht zu unterschätzen!

9.1 Beschreibung der Vorwissenschaftlichen Arbeit

Vgl. Abschnitt 6.2 betreffend die Kompetenzen, um die es hier v. a. geht

Nachdem Sie Ihre schriftliche Arbeit abgegeben haben, muss Ihre Betreuerin bzw. Ihr Betreuer eine Beurteilung dieser Arbeit erstellen. Dafür hat sie bzw. er drei Wochen lang Zeit. Die Beschreibung soll „Vorzüge und/oder Schwächen der schriftlichen Arbeit" darstellen und auf diese Weise „Auskunft über den Grad der nachzuweisenden Kompetenzen" geben. In der Beschreibung sind „formale, thematische und inhaltliche Aspekte" der Arbeit zu behandeln. Dies soll es anderen (der Schulleiterin bzw. dem Schulleiter, der Vorsitzenden bzw. dem Vorsitzenden der Prüfungskommission usw.) ermöglichen, einen ausgewogenen Eindruck von Qualität, Stärken und Mängeln der Arbeit zu gewinnen. Insofern müssen auch „methodische und projektbezogene Kriterien" erörtert werden (BMUKK, 1. Säule, S. 20).

Die Beschreibung wird der Schulleiterin bzw. dem Schulleiter übermittelt und von dieser bzw. diesem an die Vorsitzende bzw. den Vorsitzenden der Prüfungskommission weitergeleitet (BMUKK, 1. Säule, S. 20).

Anschließend führen Sie und Ihre Betreuungsperson ein Abschlussgespräch, das ausführlich sein und eine vorläufige Bilanz Ihrer VWA ziehen wird. Dabei soll gar nicht so sehr die Beschreibung der Arbeit im Vordergrund stehen, sondern die noch ausstehenden Teile des Prüfungsfachs „Vorwissenschaftliche Arbeit", nämlich Präsentation und Diskussion. Im Blick darauf wird Ihnen Ihre Betreuerin bzw. Ihr Betreuer Stärken und Schwächen Ihres Elaborats darlegen und Sie so auf die Präsentation vorbereiten.

Was bringt Ihnen das? Sie können in der Präsentation die Stärken Ihrer Arbeit herausarbeiten und betonen, etwaige Schwächen zugleich korrigieren, wenigstens bis zu einem gewissen Grad.

Vgl. § 38 Abs. 2 SchUG

Die Beurteilung der VWA basiert hauptsächlich auf der schriftlichen Arbeit, ergänzend aber auch auf Präsentation und Diskussion. Entscheidend ist mithin der Gesamteindruck, den die Prüfungskommission gewinnt. Daher beachten Sie:

Die Beschreibung ist noch keine endgültige Beurteilung! Die definitive Note wird erst nach Präsentation und Diskussion vergeben. Dabei handelt es sich weder um bloße „Formsache" noch um lästige Anhängsel. Für die Benotung sind sie nicht unwichtig!

9.2 Präsentation

9.2.1 Ziele

Die Präsentation ist keine lästige Pflicht, sie bietet Ihnen vielmehr eine Reihe von Möglichkeiten, Ihre Arbeit einem Publikum vorzustellen. Übrigens werden Sie im späteren Verlauf Ihres Arbeitslebens vielleicht feststellen, dass Ihnen selbst der beste Text, den Sie geschrieben haben, oft wenig nützt, wenn Sie ihn bzw. seine Inhalte nicht angemessen vermarkten können. Insofern ist die Präsentation auch schon eine gute Übung für das „Leben nach der Schule"!

Im Rahmen der Präsentation stellen Sie der Prüfungskommission Ihre Arbeit vor. Erläutern Sie dabei auch Ihren persönlichen Zugang zum Thema, vielleicht auch zu den Methoden! Wie und warum sind Sie auf das Thema gestoßen, was hat Sie besonders interessiert und warum, wie sind Sie an das Thema herangegangen? Hat es im Verlauf des Recherchierens und Schreibens Veränderungen in Ihrem Zugang gegeben? Was haben Sie selber für sich aus der VWA mitgenommen, gelernt und erfahren?

BMUKK, 1. Säule, S. 21

Erwartet wird, dass Sie einen umfassenden „Problemaufriss" bieten, „nicht lediglich eine Inhaltsangabe" (BMUKK, 1. Säule, S. 21). Übrigens ist es nicht Zweck der Übung, dass Sie eine Zusammenfassung Ihrer Arbeit herunterleiern oder das „Werk" womöglich gar vorlesen. Das wäre ganz schlecht. Selbst wenn Sie es trotzdem versuchen wollten: Sie hätten keine Zeit dafür.

TIPP *Gut wäre, Sie stellten Ihr Thema, Ihre Methoden sowie (persönlichen) Zugangsweisen dar, und zwar so, dass sich die Zuhörerinnen und Zuhörer nicht nur nicht gelangweilt fühlen, sondern am Ende Ihres Vortrags auch noch wissen, worum es in Ihrer Arbeit geht.*

9.2.2 In der Kürze liegt die Würze!

Für Präsentation und Diskussion Ihrer Arbeit stehen insgesamt 15 Minuten zur Verfügung. Die Präsentation soll nicht „den überwiegenden Teil" dieser Zeitspanne „einnehmen" (BMUKK, 1. Säule, S. 21).

7 Minuten Zeit

Grob geschätzt haben Sie also sieben Minuten, um Ihre Arbeit zu präsentieren. Das ist gar nicht viel Zeit. Andererseits ist es gerade lang genug, um die Aufmerksamkeit Ihres Publikums gewinnen und auch halten zu können, das bereits tagelang und fast schon im Akkord Präsentationsvorträge anhören muss.

Konzentrieren Sie Sich also auf das Wesentliche! Was ist der Kern Ihrer Arbeit, was die zentrale Botschaft? Genau darüber müssen Sie reden! Darüber und über Ihre (methodischen und persönlichen) Zugänge zum Thema sowie über Ihre Ergebnisse. Ausführliche Exkurse zu Nebenthemen lassen Sie am besten bleiben, denn – um es ganz brutal auf den Punkt zu bringen – niemand will sie hören. Auch das Verlesen von Tabellen und Statistiken kostet Sie nur Zeit – und bringt Sie leicht um die Sympathien des Publikums. Gleiches gilt für lange Textzitate, komplizierte Begriffsherleitungen (außer es geht in Ihrer Arbeit eben genau darum) oder die Vorgeschichte einer Vorgeschichte, die nicht einmal mehr am Rande eine Rolle für Ihr Thema spielt.

BEISPIEL

Wenn Beatrix K. ihr Wittgenstein-Thema präsentiert, sollte sie also auf keinen Fall versuchen, eine „kurze Geschichte" der Volksschule in Puchberg „einzuflechten". Fritz R. sollte bei der Präsentation seines Raucherthemas darauf verzichten zu erzählen, welche seiner Vorfahren nachweislich geraucht, an welchen Krankheiten sie gelitten haben und welche Zusammenhänge zwischen beidem hergestellt werden können. Und Gregor W. wird die Kommissionsmitglieder schrecklich nerven, wenn er ausführlich darlegt, wie man das untersuchte Computerspiel installiert und welche Software dafür nötig ist.

!

Das Wort „Exkurs" leitet sich von dem lateinischen Substantiv „excursus" her, was soviel wie „Streifzug" bedeutet. Und genau das ist ein Exkurs auch: ein Streifzug auf Nebenpfaden, eine „beigefügte Erörterung" (Österreichisches Wörterbuch. 41. Aufl. Wien: öbv, 2009, S. 212) zu einem Kernthema. Exkurse können sehr spannend sein, sind aber in knappen Präsentationen unbedingt zu vermeiden.

TIPP *Bleiben Sie also bei Ihrem Thema, schweifen Sie nicht ab und arbeiten Sie professionell!*

9.2.3 Vortragen und Präsentieren wie ein Profi

Die Situation

Von Referaten her könnte Ihnen die Situation ja durchaus vertraut sein: Sie stehen vor Publikum und reden. Allerdings ist jetzt doch einiges anders. Bislang haben die meisten von Ihnen vor einer Lehrperson und den anderen Schülerinnen und Schülern der Klasse referiert. Dafür hatten Sie 15, 30 oder 45 Minuten Zeit. Wie Sie auf das Auditorium wirken, konnte Ihnen gleichgültig sein. Bewertet wurde ja der Inhalt Ihres Vortrags, und wenn jemand eingeschlafen ist – so what?

(!) Auch das Wort „Auditorium" kommt aus dem Lateinischen und bedeutet „Zuhörerschaft".

Wenn Sie nicht neben der Schule oder im Rahmen eines Freifachs Bühnenerfahrung gesammelt haben, ist das vermutlich Ihre erste Performance-Situation mit „richtigem" Publikum. Es kommt keineswegs darauf an, dass Sie einen vorgegebenen Stoff halbwegs „richtig" darstellen. Sie müssen ein Thema interessant und überzeugend vermitteln. Mit anderen Worten: Es geht darum, inhaltliche und rhetorische Kompetenzen zu verbinden.

Das bedeutet, sowohl den Inhalt, den Sie vermitteln wollen, als auch die Frage, wie Sie das Interesse Ihres Publikums gewinnen und halten können, gleichermaßen im Auge zu behalten.

Eine gute Präsentation besteht aus den folgenden Komponenten:

(!)

- Eröffnung der Präsentation
- Gezielter Einsatz von Stilmitteln und Sprache
- Bezug zum Publikum
- Anwendung von Präsentationstechniken
- Sprechen in freier Rede
- Abschluss

Abb. 19: Gutes Präsentieren können Sie lernen!

SCHREIBEN SIE HIER DEN ERSTEN SATZ IHRER PRÄSENTATION NIEDER!

ÜBUNG

___

___

___

___

___

Präsentationsvorbereitung

Bleiben wir einmal kurz bei unserer Parallele zum Theater: Sie wissen ja, Schauspielerinnen und Schauspieler gehen nicht einfach so auf die Bühne und glänzen dort im strahlenden Licht ihres Talents. Selbst der heute wohl bekannteste aller Redner in der europäischen Geschichte, Marcus Tullius Cicero, hat nicht nur jede einzelne Rede stundenlang geprobt, er hat auch mehrere Jahre bei berühmten griechischen Rhetoriklehrern Unterricht genommen.

„Wie" der Präsentation

Wie es am Theater unterschiedliche Zugänge zum Erarbeiten einer Rolle gibt, so können Sie auch auf verschiedene Weisen an die Ausarbeitung und Performance eines Vortrags herangehen. Ein Ansatz wäre zu sagen, es sei gleichgültig, wovon die Rede handle, es komme nur auf das „Wie" an, und zwar ausschließlich. Deshalb sei es wichtig, bei Gestik, Mimik und Intonation zu beginnen und diese zu trainieren, auf die „richtige" Kleidung zu achten und sich insgesamt gut in Szene zu setzen.

Ein anderer Ansatz knüpft eher beim Inhalt an. Das „Wie" der Präsentation ist auch aus seiner Sicht wichtig, primärer Anknüpfungspunkt ist aber der Gegenstand selbst. Von dieser Perspektive her sei der Vortrag aufzubauen und die Präsentation zu gestalten. Dieser Ansatz versucht also den Inhalt angemessen zu verpacken, und nicht, für die Verpackung einen passenden Inhalt zu finden.

„Was" der Präsentation

Der zweite Ansatz funktioniert nur dann, wenn die Rednerin bzw. der Redner überhaupt etwas zu sagen hat. Das sollte bei der Präsentation Ihrer VWA der Fall sein. Was ist der Zweck Ihrer Präsentation? Er besteht darin, dass Sie die Möglichkeit erhalten, ein Thema und dessen Bearbeitung einem Publikum vorzustellen – und unter Umständen Mängel der schriftlichen Arbeit zu beheben. Der Inhalt steht also eindeutig im Vordergrund. Schon allein deshalb wollen wir hier vom zweiten Ansatz ausgehen. Außerdem sollen Sie nicht Kunststückchen um ihrer selbst willen erlernen. Die Präsentation ist kein Ergebnis eines gelungenen Dressurakts. Stattdessen sollten Sie in der Lage sein, eigenständig und sachlich-kompetent vor Publikum zu agieren und seine Aufmerksamkeit zu gewinnen – und das für eine von vornherein umrissene Zeitspanne.

Abb. 20: Marcus Tullius Cicero, (106–43 v. Chr.), Anwalt, Philosoph, Konsul der römischen Republik

Aufbau des Präsentationsvortrags

Auch „[d]ie Präsentation ist eigenständig zu erarbeiten" (BMUKK, 1. Säule, S. 21). Unabhängig davon, ob Sie wirklich frei sprechen oder einen fertig ausgearbeiteten Text mehr oder weniger auswendig vortragen wollen:

TIPP *Bereiten Sie Ihren Vortrag im ersten Schritt schriftlich vor.*

Vgl. Abschnitt „Der Vortrag selbst: Präsentationsmedien, Handouts und Präsentationsunterlagen"

Fragen Sie sich dabei zunächst, worin der Zweck Ihrer Präsentation bestehen soll. Diese Zielanalyse zu Beginn ermöglicht es Ihnen, einen klar strukturierten Vortrag aufzubauen. Erarbeiten Sie zuerst die Struktur Ihrer Präsentation und überlegen Sie dann, wie Sie die Folien gestalten wollen. Andersherum wird es nicht funktionieren, Sie geraten höchstens in einen Kuddelmuddel, aus dem Sie nur mühsam wieder herauskommen. So verlieren Sie lediglich Zeit, wenn Sie beispielsweise als ersten Schritt eine wunderschöne PowerPoint-Folie erstellen und wenig später feststellen müssen, dass Sie sie nirgendwo unterbringen können. Sollten Sie an diesem Punkt überlegen, den Vortrag so „hinzubiegen", dass die hübsche und arbeitsintensiv hergestellte Folie doch Verwendung finden kann, manövrieren Sie sich rasch in grobe Schwierigkeiten.

BEISPIEL

Beatrix K. mit ihrem Wittgenstein-Thema kann den (scheinbaren?) „Bruch" in Wittgensteins Biographie an den Anfang ihres Vortrags stellen: Jemand vollzieht einen „Kurswechsel" in seinem Leben, macht mit 30 etwas ganz anderes als er bisher getan hat. Dann kann Beatrix zu Wittgensteins Tätigkeit als Volksschullehrer überleiten. Sie spricht ganz kurz darüber und erzählt in weiterer Folge, woher sie ihre Kenntnisse hat, wie sie also konkret an ihr Thema heran- und damit umgegangen ist. Anschließend könnte sie noch erwähnen, wie Wittgensteins Ausflug in das österreichische Schulwesen der 1920er-Jahre geendet hat – und weshalb. Ganz am Ende würde sich ein persönliches Resümee gut machen: Wie ist Beatrix überhaupt auf das Thema gekommen, was hat sie bei der Arbeit daran dazugelernt, wie ist es ihr bei ihren Forschungen ergangen?

So, jetzt hätte Beatrix K. schon einmal eine klare Struktur für ihre Präsentation. Nun beginnt die „Feinarbeit". Wie steigen Sie am besten in eine Präsentation ein, und wie schließen Sie sie ab?

(!) Mit dem **Einstieg** wollen Sie Ihr Publikum „packen", sein Interesse wecken. Wenn Ihnen schon am Anfang niemand richtig zuhört, ist es schwer, das im weiteren Verlauf noch zu ändern.

Beatrix K. könnte vielleicht mit dem allerletzten Satz des „Tractatus logico-philosophicus" beginnen. Dieser Satz („Wovon man nicht sprechen kann, darüber muß man schweigen." [Tractatus logico-philosophicus, Abschnitt 7]) passt nicht zuletzt auch auf die persönliche Situation Wittgensteins (oder Wittgensteins mutmaßliche Wahrnehmung dieser Situation) um 1920. Er ist zudem (wie vieles im „Tractatus") so lakonisch, knapp und pointiert formuliert, dass er sich hervorragend eignet, Interesse und Aufmerksamkeit zu wecken.

Bedenken Sie immer, dass das Wecken von Aufmerksamkeit an dieser Stelle zwar wichtig ist, die Art, wie Sie dies erreichen, aber auch zu Ihrem Thema passen muss. Ansonsten haben Sie zwar das Auditorium auf sich aufmerksam gemacht, es aber zugleich auch irritiert. Nehmen Sie an, Fritz R. mit seinem Raucherthema würde seine Präsentation damit beginnen, ein beliebiges literarisches Zitat zu bringen, weil er findet, dass es gut klingt, z. B.: „Der Freiheit eine Gasse!" Dann fährt Fritz fort, indem er die Gefahren des Rauchens für die Gesundheit Jugendlicher thematisiert. Mit seinem Herwegh-Zitat hat er zwar alle Blicke auf sich gezogen, aber die drücken mittlerweile ein gewisses Unverständnis, teilweise sogar Ärger aus. „Will der uns für dumm verkaufen oder ist er einfach nur wirr?", scheinen sie zu fragen.

Vgl. Georg Herweghs (1817–1875) gleichnamiges Gedicht aus dem Jahr 1841

Auch der **Schluss** ist wichtig für den Effekt, den Sie erzielen. Dies gilt sowohl auf inhaltlicher als auch auf performativer Ebene. Inhaltlich ist ein passender Schluss wichtig, weil er zeigt, dass Sie sich gut auskennen. In performativer Hinsicht belebt ein „gelungener Schluss" noch einmal die Sympathien für Vortrag und Vortragende bzw. Vortragenden. Er entlässt das Publikum in dem angenehmen Gefühl, einer „runden", stimmigen Darbietung beigewohnt zu haben.

Wie gestalten Sie Ihren Vortrag erfolgversprechend?

Lenken wir den Blick zuerst wieder auf den inhaltlichen Teil. Ihr Vortrag sollte jedenfalls eine sehr klare Struktur haben, logische Argumente aufweisen und Sachverhalte so darstellen, dass sie für die Zuhörerinnen und Zuhörer nachvollziehbar erklärt werden.

Struktur und Richtung Ihrer Präsentation werden durch das Thema Ihrer Arbeit bestimmt! Sofern Sie diesen Fokus nie aus den Augen verlieren, haben Sie schon halb gewonnen!

BEISPIEL

Wenn das Thema lautet „Wie schädlich ist der Konsum von Zigaretten für die Gesundheit eines jungen Menschen?", geht es in der Präsentation um das Verhältnis von Zigarettenrauchen und gesundheitlichen Beeinträchtigungen bei Jugendlichen und jungen Erwachsenen, also einer Altersgruppe von 14 bis 24 Jahren. Hält sich Fritz R. diesen Umstand bei der Ausarbeitung seines Vortrags ständig vor Augen, werden seine Argumente einer klar erkennbaren Richtung folgen. Fritz wird z. B. kurz über die toxischen Elemente von Industriezigaretten sprechen und dann deren Wirkungen auf Angehörige einer bestimmten Altersgruppe behandeln. Dabei wird er auch klarstellen, dass die Bezugnahme auf das Lebensalter bestimmte Überlegungen zur biologischen Entwicklung von Menschen Rechnung trägt und nicht bloß beliebig gewählt wurde, weil er seinen rauchenden Mitschülerinnen und Mitschülern einmal so richtig toll Angst einjagen wollte.

Fachterminologie

Sobald er Fachterminologie erwähnt, wird Fritz diese kurz und prägnant erklären. Er berücksichtigt dabei den Umstand, dass zumindest ein Teil seines Publikums weder über besondere biologische und chemische Kenntnisse noch über medizinische Vorbildung verfügt. Zugleich sollte er aber alles vermeiden, was als Unterforderung oder herablassende Belehrung aufgefasst werden könnte. Hält Fritz seinen Vortrag zu simpel, stellt das eine Unterforderung dar, die im besten Fall Langeweile auslöst. Erklärt er jedes einzelne Fremdwort, werden sich manche Zuhörende provoziert fühlen. Auch wenn nicht alle Kommissionsmitglieder Fachleute auf dem Gebiet sind, um das es gerade geht: Die allermeisten von ihnen haben studiert, sind also Akademikerinnen und Akademiker. Ein gewisses Maß an Allgemeinbildung dürfen Sie nicht nur voraussetzen, Sie müssen es sogar!

Performance

Damit wären wir aber auch schon wieder bei der Performance: Denken Sie immer auch an Ihr Publikum, schon beim Ausarbeiten Ihre Vortrags. Er sollte später nicht so klingen als würden Sie einen Aufsatz vorlesen. Sie sprechen zu Menschen, nicht zu Ihrem PC oder einem Blatt Papier. Wenn Sie Ihren Präsentationstext entwerfen, stellen Sie sich bitte Folgendes vor. Wie würde das, was Sie gerade schreiben, klingen, wenn Sie es jemandem erzählten? Das ist ein gutes Korrektiv, das Sie davor bewahrt, in eine Sprache zu verfallen, die bei der Präsentation unangebracht wäre. Im Zweifel lesen Sie Teile Ihres Textes jemandem vor, dem Sie vertrauen und deren bzw. dessen Urteil Sie ernst nehmen. Achten Sie nicht nur darauf, was die betreffende Person sagt, sondern beobachten Sie auch ihre Mimik. Freundinnen und Freunde sind manchmal übertrieben fürsorglich und rücksichtsvoll, Großeltern mitunter recht unkritisch gegenüber den Hervorbringungen ihrer Enkel. „He, Alter, geil", sagt vielleicht ein Kumpel, oder „meine Güte, Fritzi, das hast du aber toll hingekriegt", die Großmutter. Falls sie dabei nur mit Mühe ein Gähnen unterdrücken oder gar die Mundwinkel verächtlich nach unten verziehen, relativiert das derlei Aussagen enorm. Vielleicht sollten Sie auch eine „Testperson" suchen, die alters- und bildungsmäßig mit Ihren Zuhörerinnen und Zuhörern im Rahmen der Reifeprüfung vergleichbar ist. Im Zweifel sind da Nachhilfelehrerinnen und -lehrer nicht schlecht, ganz gleich, in welchem Fach sie Sie sonst unterstützen. Was ihre besten Freundinnen und Freunde ehrlichen Herzens „hammermäßig abgefahren" finden, erscheint den Mitgliedern einer Reifeprüfungskommission unter Umständen eher „fürchterlich".

Wenn Sie Ihren Vortrag ausarbeiten, denken Sie also immer an die Wirkung beim Sprechen. Zu diesem Zweck dürfen und sollen Sie sich ganz gezielt rhetorischer Stilmittel bedienen, die Sie aus dem Deutschunterricht kennen. Falls nicht, frischen Sie Ihre Erinnerungen rasch auf!

Ueding, Gert/Steinbrink, Bernd: Grundriß der Rhetorik. Geschichte, Technik, Methode. 5., aktualisierte Aufl. Stuttgart u. a.: Metzler, 2011.

Wir können Ihnen an dieser Stelle keine umfassende Darstellung rhetorischer Stilmittel anbieten und im Detail erläutern, wie Sie diese einsetzen. Das würde den Rahmen unseres Leitfadens bei weitem sprengen. Hier nur soviel: Sie sollten versuchen, bei Ihrem Vortrag zumindest ein wenig Spannung zu erzeugen und Ihr Publikum auch emotional zu erreichen. Vermeiden Sie lineare Darstellungen, bauen Sie Spannung auf und Pointen ein, heben Sie sich das Beste für den Schluss auf. „Verpulvern" Sie nicht frühzeitig Ihre „Munition". Sprachlich dürfen Sie durchaus gezielt mit rhetorischen Figuren wie Metaphern arbeiten, aber passen Sie auf, dass Ihre bildlichen Vergleiche nicht billig werden. Überlegen Sie lieber genau, auch verlockende Stilmittel wie Alliterationen können leicht einmal danebengehen. Wenn Sie sich nicht ganz sicher sind, bleiben Sie bei einem eher trockenen Vortragsstil. Solange Sie nicht langweilig vortragen, ist das okay.

Eine Alliteration ist ein rhetorisches Schmuckelement, bei dem mehrere Wörter mit demselben Anfangsbuchstaben aufeinanderfolgen. Denken Sie z. B. an Caesars angebliches Diktum „Veni vidi vici", auf Deutsch „Ich kam, sah und siegte".

Im Zweifel können Sie ein einfaches Schema erfolgreich anwenden:

- Begrüßung („Frau Vorsitzende! Sehr geehrte Damen und Herren!")
- Pause und Blickkontakt
- Eröffnungssatz
- Präsentation
- Schlusssatz

Wie tragen Sie erfolgreich vor?

Vielleicht unterfordern wir Sie ja jetzt ein wenig, aber wir weisen vorsichtshalber darauf hin: Selbstverständlich dürfen Sie Ihren Vortrag nicht vom Blatt ablesen.

Frei sprechen

Am besten wäre es, Sie würden frei sprechen. Das heißt im Grunde nicht, dass Sie einen auswendig gelernten Text aufsagen. Wenn Sie es trotzdem tun, lassen Sie es sich nicht anmerken. Woran merkt man's? V. a. an der Intonation. Menschen, die auswendig gelernte Texte wiedergeben, sprechen oft sehr monoton. Außerdem starren sie gerne einen bestimmten Punkt an der Wand an, als hinge dort ihr Vortragstext. Sie sind zudem leicht durch harmlose Zwischenfragen aus der Fassung zu bringen.

Handzettel

Im Idealfall verinnerlichen Sie Ihren Vortrag so weit, dass Sie locker sieben Minuten über ein Thema sprechen können, mit dem Sie sich mehr als ein Jahr lang beschäftigt haben. Sie müssen dabei nicht ganz ohne Hilfsmittel auskommen. Auf jeden Fall können Sie Handzettel verwenden. Diese sollten nicht größer als DIN A5 sein, besser eignen sich einseitig beschriftete Karteikarten im Format A6. Notieren Sie auf diesen Zetteln Strukturelemente und Stichwörter.

Falls Ihnen die Vorstellung freien Sprechens, lediglich unterstützt durch ein paar Spickzettel, Unbehagen einflößt, ist Auswendiglernen sicher eine brauchbare Alternative. Aber lernen Sie nicht wie für eine Prüfung, bei der irgendwelches Wissen abgefragt wird, sondern wie für einen Bühnenauftritt! Der Unterschied ist Ihnen bestimmt schon einmal aufgefallen. Schauspielerinnen und Schauspieler rattern nicht bloß einen Text herunter, sie sprechen und agieren vielmehr beim Reden so, als wäre ihnen das Gesagte gerade eben erst eingefallen.

Falls Sie das Glück haben, über ein eidetisches oder fotografisches Gedächtnis zu verfügen, bedürfen Sie dazu keiner weiteren Hilfstechniken.

Der Fachausdruck lautet „Mnemotechniken“, also Techniken des Erinnerns, abgeleitet von „Mnemosyne“, der Göttin, die in der antiken griechischen Mythologie für das Erinnern zuständig war.

Gedächtnismethode

!

Für alle anderen gilt: Beachten Sie, dass das menschliche Bewusstsein primär auf Bilder reagiert, sich daher auch in erster Linie Bilder merkt, und erst in weiterer Folge Wörter. Schon der bereits erwähnte Cicero und viele andere antike Rhetoriklehrer empfahlen eine Gedächtnismethode, die diesen Überlegungen Rechnung trägt. Stellen Sie sich einen Raum (oder mehrere Räume) vor, die Sie sehr gut und bis in jedes Detail kennen! In Betracht kommt z.B. Ihr Zimmer. Stellen Sie sich dort hinein und ordnen Sie jedem Gegenstand darin einen Satz oder Absatz Ihres Vortrags zu. Die Gegenstände müssen Sie sich nicht erst einprägen, die kennen Sie so gut, dass Sie ihre Position im Raum jederzeit und überall vor Ihr „geistiges Auge“ rufen können. Sie müssen jetzt nur noch eine Richtung festlegen, in der Sie sich im betreffenden Raum bewegen und einem Gegenstand nach dem anderen Sätze oder Absätze zuordnen. Sie beginnen z.B. links von Ihrer Schlafzimmertür, wo eine Kommode steht. Über der Kommode hängt ein Bild. Mit diesem Bild verknüpfen Sie gedanklich Ihren ersten Satz. Sobald Sie später beim Vortragen an das Bild denken, denken Sie auch an den entsprechenden Satz. Auf diese Art machen Sie weiter, jedes Ding ein Satz, von links nach rechts, bis Sie wieder bei der Tür angelangt sind. Wenn Sie dann noch immer Sätze übrig haben, gehen Sie über den Flur ins nächste Zimmer und fahren dort mit Ihrem Programm fort, immer weiter, bis Sie den letzten Satz einem Objekt zugeordnet haben. Verwenden Sie dabei nur Objekte, deren Platzierungen Sie jederzeit blind abrufen können! Wiederholen Sie Ihren Spaziergang noch ein paar Mal und überprüfen Sie, ob Sätze und Gegenstände für Sie zusammenpassen. Später, wenn Sie Ihren Vortrag halten, wiederholen Sie den Rundgang im Kopf, und sprechen ganz ruhig und ohne Angst vor Aussetzern Ihren Text. Sie wissen ja, welchen Gegenstand Sie als nächsten ansteuern, oder?

Auftritt

Sobald Sie einen Vortragstext fertig (vielleicht auch schon memoriert) haben, sollten Sie Ihren Auftritt üben. Das gilt ganz unabhängig davon, ob Sie frei sprechen oder auswendig lernen. Sprechen Sie vor einem Spiegel, zeichnen Sie Ihren Vortrag mithilfe eines Audiorekorders auf, filmen Sie sich beim Reden mit einer Videokamera oder bitten Sie jemanden anderen, dies zu tun. Auf diese Weise können Sie sich selber gewissermaßen „von außen“ betrachten. Natürlich geht das nur bis zu einem gewissen Grad. Niemand kann sich selber wirklich mit den Augen einer anderen Person sehen. Aber Sie können einen gewissen Verfremdungseffekt gegenüber Ihrer üblichen Selbstwahrnehmung erreichen. Probieren Sie es nur einmal aus, Sie werden überrascht sein! Womöglich erkennen Sie nicht einmal Ihre eigene Stimme wieder.

Probepublikum

Sobald Sie Ihr eigenes Redeverhalten analysiert, daran gearbeitet haben und halbwegs zufrieden damit sind, üben Sie (zumindest ein Mal) vor Publikum. Die eigentliche Vortragssituation können Sie auch damit nur bis zu einem gewissen Grad simulieren. Bei der „Generalprobe“ sitzen vermutlich vor allem Leute im Auditorium, die mit Ihnen befreundet oder verwandt sind. Vielleicht schaffen Sie es ja, jemand „Außenstehenden“ dazuzubekommen, z.B. eine Nachhilfelehrerin, einen Nachbarn usw. Unangenehme Konsequenzen gibt es aber auch dann nicht zu befürchten. Trotzdem: Sie reden vor Publikum, und wenn Sie Glück haben, erhalten Sie ein paar brauchbare Rückmeldungen. Seien Sie übrigens froh über gut gemeinte Kritik. Sie hilft Ihnen oft mehr als unbegründetes Lob, das Ihnen im Moment schmeichelt, Sie aber zugleich daran hindert, etwaige Mängel zu beheben. Falls Sie übrigens selbst in einem „Probepublikum“ sitzen: Gehen Sie sensibel zu Werke! Äußern Sie Ihre Kritik vorsichtig und sachlich, wenn möglich verpackt in eine positive Rückmeldung.

Übrigens: Sie sollten Ihren Vortrag standardsprachlich, also hochsprachlich, halten. Sprechen Sie deutlich und in moderater Lautstärke, also laut genug, um verstanden zu werden, aber nicht so laut, dass Ihr Vortrag als Gebrüll wahrgenommen wird. Bereiten Sie ihn so vor, dass Sie in ruhigem Tempo (weder gehetzt noch schleppend) sprechen können und dabei mit sieben Minuten Redezeit das Auslangen finden.

Vergessen Sie nicht, dass Sie zu lebenden Menschen sprechen. Im Idealfall blicken Sie Ihr Auditorium beim Reden abwechselnd direkt an. Sie können aber auch ein Mitglied der Prüfungskommission in den Blick nehmen.

Der Vortrag selbst: Präsentationsmedien, Handouts und Präsentationsunterlagen

Als Unterlagen für die Präsentation gelten:

!
- Redeunterlagen (also die erwähnten Handzettel bzw. Karteikarten)
- Folien
- Visualisierungen
- Handouts
- Medien

Folien

Folien können Sie mit PowerPoint oder ähnlichen Programmen erstellen. Beginnen Sie mit einer Gliederungsfolie und geben Sie auf der nächsten Folie den Inhalt der Präsentation an. Animationen und dergleichen Texteffekte wirken unprofessionell und sollten, wenn überhaupt, nur sehr sparsam eingesetzt werden. Die Darstellungen müssen groß und übersichtlich sein, lange Texte sind fehl am Platz. Eine Folie sollte zwischen 1½ und 3 Minuten lang zu sehen sein. Sollten Sie längere Informationen bieten wollen, müssen Sie diese mit Grafiken und Bildern visualisieren. Lesbarkeit sollte auch noch aus größerer Distanz gegeben sein. Weiters versehen Sie jede Folie am besten mit einer Überschrift.

! Für die Präsentation Ihrer VWA dürfen Sie zwei bis fünf Folien verwenden.

Bilder

Bilder eignen sich zur Visualisierung sehr gut. Sie können Bilder in Ihre Folien einbauen, um das Interesse der Zuhörerinnen und Zuhörer zu motivieren. Cliparts, Bilder oder Clips können eine Folie beleben, doch sollte ihr Einsatz gut überlegt sein, um die Präsentation nicht zu überladen. Wenn Sie Anschauungsmaterial mitbringen, muss es zeitgleich für alle Zuhörerinnen und Zuhörer verfügbar sein. Ein Gegenstand (z. B. ein Buch), der herumgereicht werden muss, eignet sich eher nicht, da die bzw. der Letzte im Publikum den Gegenstand meist erst dann erhält, wenn Sie schon über etwas ganz anderes sprechen. Denkbar wäre aber z. B. die Visualisierung durch ein Menschenskelett. Das sehen alle, da es groß genug ist.

! Die Betrachterin bzw. der Betrachter darf durch die Visualisierung keinesfalls abgelenkt werden!

Medieneinsatz

Für den Medieneinsatz eignen sich Tafel, Flipchart, Overheadprojektor, Diaprojektor, Video, Bildschirmpräsentation und Beamer. Moderne Präsentationen setzen vor allem Beamer ein. Jedes verwendete Gerät sollte gut vorbereitet sein, denn es gibt nichts Peinlicheres, als wenn die Kommission warten muss, bis Sie technische Probleme behoben haben. Zu diesem Zweck müssen Sie mit der Betreuerin bzw. dem Betreuer die technischen Voraussetzungen klären. Um eine Tafel verwenden zu können, benötigen Sie Kreide, für eine Schautafel Magnete, Klebestreifen und Stecknadeln zum Anpinnen, für ein Flipchart Stifte. Ebenso müssen Sie Projektoren auf ihre Funktionstüchtigkeit testen und deren Bedienung beherrschen. Ein Beamer muss mit dem verwendeten PC kompatibel sein, der auch etwaige USB-Sticks erkennen sollte.

TIPP *Verwenden Sie keine Geräte, die Sie nicht vorher persönlich getestet haben!*

Handouts

Auch wenn Sie einen tollen Vortrag vorbereitet haben, bleiben Ihnen **Handouts** nicht erspart. Sie sind Vorlagen für die Zuhörerinnen und Zuhörer und sollen helfen, wichtige Informationen nachlesen zu können. Übernehmen Sie Darstellungen und Grafiken in das Handout! Die Gestaltung richtet sich nach dem Inhalt des Vortrags, wird aber frei ausgeführt. Vermeiden Sie es jedoch, Texte aus Ihrem Vortrag abzudrucken.

TIPP *Das Handout soll den Umfang einer DIN A4-Seite nicht übersteigen! Teilen Sie es vor der Präsentation aus!*

Vielleicht wird Ihnen sogar eine Zuhörerin bzw. ein Zuhörer für die „offene Forschungsfrage" am Handout dankbar sein und dort fortsetzen, wo Sie aufgehört haben!

9.3 Diskussion

Im Rahmen der Diskussion müssen Sie die Fragen der Prüferin bzw. des Prüfers und der Kommission beantworten. Zumeist handelt es sich um folgende:

- Verständnisfragen
- Fragen zur Forschung und zu den Inhalten
- Vertiefungsfragen
- Ersuchen um genauere Darstellungen

Die Fragestellungen sind präzise zu beantworten. Ist eine Frage nicht beantwortbar, weil Sie das Thema in Ihrer Arbeit ganz anders behandelt haben, so begründen Sie dies. Wenn Sie eine Frage nicht verstehen, ist das in Ordnung. Es wirkt durchaus professionell, nachzufragen.

Die Diskussion sollte sich auf die schriftliche Arbeit beziehen; Fachbegriffe müssen Sie erklären können. Wenn Sie die Ratschläge der Betreuungsperson und jene in diesem Buch mit großer Sorgfalt befolgt haben, wird die Diskussion der Arbeit ein schönes Erlebnis sein. Immerhin können Sie allen zeigen, dass Sie in der Lage sind, wissenschaftlich zu arbeiten und zu argumentieren.

9.4 Beurteilung

TIPP *Wissenschaftliches Arbeiten macht besonders dann Spaß, wenn Sie erfolgreich damit sind!*

Die Beurteilung Ihrer Arbeit erfolgt nach der Präsentation und Diskussion, denn auch diese wirken sich auf die Note aus. Die Beschreibung durch die betreuende Lehrperson gilt als Grundlage für die Beurteilung. Ihre Präsentation kann Mängel beseitigen, leider aber auch aufdecken.

Die rechtlichen Grundlagen für Leistungsbeurteilungen in der Schule sind in der „Leistungsbeurteilungsverordnung“ geregelt. Sie finden sie online im „Rechtsinformationssystem des Bundes“, kurz „RIS“. § 14 dieser Verordnung nennt Kriterien für die Vergabe einzelner Noten.

Die Qualität der VWA, die Präsentation und die Diskussion sind Grundlage für die Gesamtnote dieser 1. Säule der Matura. Ihre gesamte Arbeit – vom Zitat bis zur Diskussion – wird nochmals in der Prüfungskommission besprochen und mit einer Note bedacht.

Falls es ganz schlimm kommt und Sie ein „Nicht genügend“ bekommen, erhalten Sie die Chance, nochmals eine VWA zu verfassen. Aber gehen Sie erst einmal nicht davon aus, sondern versuchen Sie es im ersten Anlauf! In diesem Sinne: Viel Erfolg und alles Gute!

Sie wissen nun, wie Sie das große Finale bestreiten. Wir wünschen Ihnen gutes Gelingen.

BILDNACHWEIS

Abb. 1 (S. 14): MH Foto Design
Abb. 2 (S. 17): öbv
Abb. 3 (S. 20): SOUTH WEST NEWS SERVICE LTD/Action Press/picturedesk.com
Abb. 4 (S. 22): akg-images
Abb. 5 (S. 25): ABIR SULTAN/EPA/picturedesk.com
Abb. 6 (S. 26): Dokumentationsarchiv des Österreichischen Widerstandes
Abb. 7 (S. 27): P/ullstein bild/picturedesk.com
Abb. 8 (S. 34): jamesbenet/istockphoto.com
Abb. 9 (S. 35): öbv
Abb. 10 (S. 44): Österreichische Nationalbibliothek/picturedesk.com
Abb. 11 (S. 57): photogl/fotolia.com
Abb. 12 (S. 58): Paolo Gaetano Rocco
Abb. 13 (S. 62): Anonym/Imagno/picturedesk.com
Abb. 14 (S. 66): Yuri Arcurs/fotolia.com
Abb. 15 (S. 70): taka/fotolia.com
Abb. 16 + 17 (S. 73): Robert Kneschke/fotolia.com
Abb. 18 (S. 85): Corel Gallery
Abb. 19 (S. 89): Corel Gallery
Abb. 20 (S. 90): alessandro0770/fotolia.com

QUELLEN- UND LITERATURVERZEICHNIS

Assmann, Aleida: Einführung in die Kulturwissenschaft. Grundbegriffe, Themen, Fragestellungen. 3., neu bearbeitete Aufl. Berlin: Erich Schmidt Verlag, 2011.

BMUKK: 1. Säule: „Vorwissenschaftliche Arbeit". Eine Handreichung. Wien: BMUKK, 2011.

BMUKK: Standardisierte, kompetenzorientierte Reifeprüfung an AHS. Wien: BMUKK, 2011.

Dittmar, Norbert: Transkription. Ein Leitfaden mit Aufgaben für Studenten, Forscher und Laien. Wiesbaden: VS Verlag für Sozialwissenschaften, 2004.

Herwegh, Georg: Gedichte und Prosa. Stuttgart: Reclam, 1994.

Highsmith, Patricia: Der Schrei der Eule. Roman. Neuübers. von Irene Rumler. Zürich: Diogenes, 2002.

Ioannis Saresberiensis Metalogicon. Ed. J. B. Hall. Turnholti: Brepols, 1991 (Corpus Christianorum: Continuatio mediaevalis 98).

Königshofer, Benjamin: Bob Dylan. Sein Leben, sein Schaffen und seine Bedeutung für die Folk- und Rockmusik. Fachbereichsarbeit. Mürzzuschlag, 2010.

Lepenies, Wolf: Die drei Kulturen. Soziologie zwischen Literatur und Wissenschaft. 2. Aufl. Frankfurt am Main: Suhrkamp, 2006.

Mayer, Sonja: "Lord, what fools these mortals be!" Fairies, ghosts and witches in selected Shakespeare plays. Fachbereichsarbeit. Wien, 2011.

Österreichisches Wörterbuch. 41. Auflage. Wien: öbv, 2009.

Pauer, Franz u. a.: Mathematik HTL 1. Wien: öbv, 2011.

Schmitz, Wolfgang: Schneller lesen – besser verstehen für Jugendliche. Reinbek: Rowohlt, 2011.

Tacitus, Cornelius: Annalen. Lateinisch und deutsch. Hg. v. Erich Heller. Mit einer Einführung v. Manfred Fuhrmann. 2., durchges. u. erw. Auflage. München u. a. Artemis & Winkler, 1992 (Sammlung Tusculum).

Taschner, Rudolf: Der Zahlen gigantische Schatten. Mathematik im Zeichen der Zeit, 3., verb. Aufl. Wiesbaden: Vieweg + Teubner Verlag, 2005.

Tetens, Holm: Philosophisches Argumentieren. Eine Einführung. München: Beck, 2004.

Ueding, Gert/Steinbrink, Bernd: Grundriß der Rhetorik. Geschichte, Technik, Methode. 5., aktualisierte Aufl. Stuttgart u. a.: Metzler, 2011.

Vester, Frederic: Die Kunst vernetzt zu denken. Ideen und Werkzeuge für einen neuen Umgang mit Komplexität. Stuttgart: DVA, 1999.

Watzlawick, Paul: Wie wirklich ist die Wirklichkeit? Wahn, Täuschung, Verstehen. 9., ungekürzte Aufl. der Taschenbuchausgabe. München: Piper, 2011.

Wittgenstein, Ludwig: Tractatus logico-philosophicus. In: Wittgenstein, Ludwig: Werkausgabe Bd. 1. 14. Aufl. Frankfurt am Main: Suhrkamp, 2002.

DANK

Besonderer Dank gilt Mag. Carolina Hüttinger, Mag. Johanna Kramer, Sonja Mayer, Dr. Heike Mlakar und Dr. Gerald Opelt für wertvolle Infos und Hinweise!